뉴질랜드 참전 용사들의
한국전쟁
이야기

이 책은 동화 작가 선안나 선생님이, 뉴질랜드 한뉴문화원과 한인방송 월드TV가
한국전쟁 참전 용사들이 직접 쓴 원고를 받아 만든 수필집 〈Never forgotten war (잊히지 않는 전쟁)〉를
우리 어린이들이 읽기 쉽게 풀어 쓴 책입니다.

상상 역사 지킴이 1
뉴질랜드 참전 용사들의
한국전쟁 이야기

2014년 7월 5일 초판 1쇄 발행
2016년 9월 30일 초판 3쇄 발행

글 선안나 | **그림** 조현숙 | **펴낸이** 오연조
책임편집 조애경 | **디자인** 성미화 | **마케팅** 성진숙 | **경영지원** 김은희
펴낸곳 ㈜상상스쿨 | **출판등록** 2007년 6월 29일 제 2009-000075호
주소 경기도 고양시 일산동구 정발산로 43-20 센트럴프라자 7층
전화 031-900-9999 | **팩스** 031-901-5122
이메일 book@sangsangschool.co.kr

ⓒ 선안나, 조현숙 2014

ISBN 978-89-93702-71-2 74910
ISBN 978-89-93702-72-9 74080(세트)

이 책은 저작권법에 따라 보호받는 저작물이므로 무단 전재와 복제를 금지하며,
이 책의 전부 또는 일부를 이용하려면 반드시 저작권자와 ㈜상상스쿨의 서면 동의를 받아야 합니다.

뉴질랜드 참전 용사들의

한국전쟁 이야기

글 선안나 | 그림 조현숙

상상스쿨

들어가는 말

6·25 전쟁과 코끼리

'장님과 코끼리' 우화를 들어 보았나요? 장님들이 코끼리를 각각 일부만 만져 보고 벽처럼 생겼다, 기둥처럼 생겼다, 뱀처럼 생겼다, 부채처럼 생겼다, 서로 우겨 댔다는 이야기지요.

6·25 전쟁도 그런 것 같아요. 남북한을 적으로만 바라보고, 이기고 지는 승패만 주로 말해온 면이 있거든요. 다양한 체험과 생각을 표현하는 사람이 많아질수록 역사에 대한 폭넓은 이해도 가능할 거라고 생각합니다.

그런 점에서 뉴질랜드 참전 용사들이 쓴 6·25 전쟁 이야기가 책으로 나왔다는 기사가 반가웠어요. 한국인이 아니고 외국인들이기에 한국전쟁에 대해 또 다른 관점을 제공해 줄 것 같아서였지요.

영문판으로 나온 원본을 구해서 내용을 살펴보니, 한국인이 쓴 책들과 다른 점이 많았어요. 생생한 전쟁 체험이 기록되어 있어서 사료적 가치가 높으면서도, 적개심이나 편파성이 없어서 신선했어요. 고령의 참전 용사들이 한국에 대해 갖고 있는 따뜻한 우정과 인간애에 가슴이 뭉클했고요.

어떤 지식이나 정보보다, 전쟁터에서 목숨 걸고 함께 싸웠던 참전 용사의 글을 직접 읽으면서 어린이들이 생생한 현대사를 배우고 느낄 수 있을 것이라고 생각했어요.

'양국의 어린이들이 함께 읽으면 좋겠어.'

나는 뉴질랜드 참전 용사들이 쓴 글을 훼손하지 않으려고 조심하면서, 한국 어린이들이 쉽게 읽을 수 있도록 고쳐 썼어요. 그리고 출간된 〈뉴질랜드 참전 용사들의 한국전쟁 이야기〉를 다시 뉴질랜드 어린이들이 읽을 수 있도록 번역 출판하는 길을 찾아볼 생각이에요.

모든 전쟁은 나쁩니다. 절대 일어나서는 안 되고 미화는 더욱 더 안 됩니다. 그러나 있었던 역사를 잊어서는 안 되며, 되풀이해서는 더더욱 안 되겠지요. 보다 많은 독자들이 〈뉴질랜드 참전 용사들의 한국전쟁 이야기〉를 읽고 우리 땅의 역사에 대해 활발히 이야기를 나눌 수 있기를 바랍니다.

글을 써 주신 뉴질랜드 참전 용사들께 존경과 사랑을 드리며, 한 분 한 분 찾아다니며 글을 청탁하고 기록을 엮은 뉴질랜드의 김운대, 이혜원 선생님께도 깊은 감사의 마음을 전합니다.

동화 작가
선안나

 인사말

어제와 오늘을 잇는 다리

〈뉴질랜드 참전 용사들의 한국전쟁 이야기〉의 출판을 축하드립니다. 이 책은 한국전쟁에 참전했던 뉴질랜드 용사들 개개인의 잊지 못할 이야기를 담고 있습니다.

한국과 뉴질랜드는 한국전쟁 중에 피와 땀으로 구축된 강한 연대감을 갖고 있습니다. 6척의 구축함을 포함하여 4,000여 명의 젊은 뉴질랜드 육군 병사들과 해군 수병들이 한국전쟁에서 복무했으며, 그중 23명이 숭고한 희생을 했습니다.

한국 정부와 국민은 그들의 희생과 용기에 영원히 감사드립니다. 그들 덕분에 우리 한국 국민은 국가를 재건할 수 있었고 극적인 경제, 정치 및 사회 발전을 이루었습니다. 뉴질랜드 참전 용사들은 양국의 협력을 위해 오랫동안 애썼으며, 덕분에 확고한 토대를 마련했습니다. 교민들도 감사와 우정을 잊지 않고 있습니다.

뉴질랜드의 크라이스트처치 홀스웰 지역에는 '전쟁 기념 다리'가 있습니다. 한국전쟁 가평 전투를 기념하여 세운 다리이기 때문에 '6·25 다리'라는 명칭으로 알려져 있지요. 이 다리에 서면, 뉴질랜드 사람들과 교민들은 가평 전투 때 사흘 밤낮 치열한 전투를 벌이다 산화한 뉴질랜드 용사들의 넋을 기립니다.

또 오클랜드 지역의 도브 메이어 로빈슨 공원(Dove Myer Robinson Park)에도 6·25 참전 기념비가 있습니다. 한국에서 직접 실어 온 석재에는 "영원히 기억하라"는 문구가 한글로 새겨져, 2세들에게 양국의 역사를 알려 주고 있습니다.

과거를 바탕으로 오늘을 소중히 가꾸려는 노력은 앞으로도 계속될 것이며, 양국 관계도 꾸준히 성장해 갈 것입니다.

마지막으로 이 책의 출판사와, 기여해 주신 모든 참전 용사들께 특별한 감사를 드립니다. 참전 용사들의 이야기는 역사의 교훈은 결코 잊힐 수 없음을 알려 줍니다. 다음 세대에 전해진 소중한 기억은 우리의 미래를 이끌어 가는 힘이 될 것입니다.

뉴질랜드 한국 대사
박용규

추천의 글

미래를 위한 기록

〈뉴질랜드 참전 용사들의 한국전쟁 이야기〉는 60여 년 전의 역사를 기록한 것입니다. 역사는 항상 옳은 것만은 아니고, 때로는 부당하고 잔인할 수 있으며, 동시에 개개인에게 최선을 발휘하도록 합니다.

이 책은 한국전쟁의 선과 악의 양면을 반영하고 있습니다. 수많은 사람들이 친구를 잃고 전쟁의 추위와 외로움 속에서 아주 어려운 시기를 보냈습니다. 전쟁은 냉혹한 것이고 우리의 선조들이 저지른 실수를 되풀이하지 않도록 인류의 기억 속에 남겨야 하는 인간 활동의 한 부분입니다.

한국전쟁에서 뉴질랜드의 공헌은 적지 않습니다. 뉴질랜드는 북한 공산주의자들을 한국 영토에서 격퇴시키도록 유엔으로부터 요청을 받은 바로 며칠 후 2척의 뉴질랜드 군함을 참전시켰습니다. 그리고 몇 달 후에는 일생에서 전혀 겪어 보지 않은 환경에서 지상전을 하도록 뉴질랜드의 첫 모병들을 부산에 상륙시켰습니다.

3년간의 전쟁은 마침내 끝나고, 충돌 당사들에 의해 휴전이 조인되었슈니다. 휴전의 효과는 놀라웠습니다. 한국민들은 자신들의 미래를 결정할 힘을 가지고 서구 세계에서 제조업 강국으로 우뚝 선 한 나라를 거침없이 창조해 냈습니다.

이 책은 독자적으로 세계 경제의 강대국이 되어 가는, 한국민들의 투쟁의 시작과 정당하게 성취한 성공에 대한 기록입니다. 또한 한국과 같이 많은 인구를 가진 나라의 평화를 위해 희생하고 목표를 달성하도록 도운 뉴질랜드 같은 나라들의 이야기이도 합니다.

우리는 가족에게 영영 돌아오지 않은 사람들을 늘 기억할 것이며, 결코 잊지 않을 것입니다. 나는 노력의 기록인 이 책을, 개인들의 자유를 위해 힘쓰는 국가들에 권합니다.

뉴한 참전용사협회 뉴질랜드 회장
짐 뉴먼 *Jim Newmans*

 차례

들어가는 말　6·25 전쟁과 코끼리　4
인사말　어제와 오늘을 잇는 다리　6
추천의 글　미래를 위한 기록　8

1 잊히지 않는 기억

내가 찍은 한국전쟁 사진 _이안 맥클리 Ian Mackley　16
어느 날 밤 중간 지대에서 _팻 힉키 Pat Hickey　24
🌸 한국전쟁은 왜 일어났을까요?　32

2 전쟁 속으로

16포병 부대의 가평 전투 이야기　36
바다에서 겪은 한국전쟁 _톰 리델 Tom Riddell　42
치열했던 후크 고지 전투 _데이비드 매너링 David Mannering　53
🌸 한국전쟁은 어떻게 전개되었을까요?　62

3 그리운 가족

너의 희생은 헛되지 않았단다 _존 마르치오니 John Marchioni 66

향수병에 걸리다 _프랭크 콜 Frank Cole 72

🌸 한국전쟁에 어떤 나라들이 참전했고, 어떤 의미를 가질까요? 78

4 병사 이야기

C부대 통신병 이야기 _윌리엄 쿠크 William Cooke 84

해군 삼등 수병이 겪은 육지 모험 _제임스 A 뉴먼 James A Newman 95

전쟁 중에 만난 작은 순간들 _머레이 맥티어 Murray Mactier 107

🌸 한국전쟁이 우리나라에 미친 영향은 무엇일까요? 124

한국전쟁과 참전 용사들 126
유엔군 참전 현황과 추모의 글 130
글쓴이 그린이 소개 132

역사를 잊은 민족에게 미래는 없습니다.

_단재 신채호(1880~1936년)

" 한국에서 찍은 사진 모두가 의미 깊지만, 우리 부대에서 함께
생활했던 전쟁 고아 킴의 사진이 특히 마음에 남습니다.
킴은 일곱 살이나 여덟 살 정도 되는 어린 아이였는데, 전쟁 통에
가족을 모두 잃고 우리 부대에서 잡다한 심부름을 하며 생활했습니다. "

내가 찍은 한국전쟁 사진

이안 맥클리 Ian Mackley

나는 사진관에서 일하다가 18세에 사진병으로 입대했습니다. 공군에서 항공 사진 촬영 등 사진 찍는 기술을 체계적으로 배우며 3년 동안 복무했지요. 그런데 제대한 직후인 1950년에 한국전쟁이 터졌습니다.

"한국전쟁에 유엔(UN)군이 참가한다는군. 우리나라도 군인을 파견한대."

"그래?"

남반구의 섬나라 뉴질랜드에서 태어난 나는, 어렸을 때부터 외부 세계에 관심이 아주 많았습니다. 그러나 해외에 나갈 일이 한 번도 없었기에 한국전에 꼭 참전해 보고 싶었습니다.

'종군 사진병으로 꼭 뽑혔으면 좋겠어.'

나는 간절한 열망을 품고 신청을 했습니다. 마침내 입대 허가서를 받게 되자 뛸 듯이 기뻤습니다. 바라던 *케이포스(K-Force)의 일원이 된 나는, 다른 동료들과 함께 '와이오우루'에서 한 달 동안 포병 통신병 훈련을 받았습니다.

"한국이라는 나라는 지구 반대쪽에 있다지?"

"굉장한 휴가가 되겠는걸."

우리 키위(뉴질랜드 사람의 애칭) 지원병들은 전쟁이 어떤 것인지도 잘 모른 채, 가벼운 마음으로 전쟁터로 떠났습니다. 육군 제16포병 연대와 해군 프리깃함(호위함) 5척을 포함하여 3,794명의 뉴질랜드 병사가 한국전에 참전했습니다.

한국에 도착한 나는 랭스 포병 부대의 통신병으로 복무했습니다. 첫 3개월 동안 스냅 사진을 찍는 소형 아마추어용 카메라만 가지고 있었습니다.

그러던 어느 날, 부대장님의 막사로 오라는 전갈을 받게 되었습니다.

"이안 맥클리, 우리 부대의 공식 사진병으로 임명한다."

하사 계급의 병사와 함께 두 곳의 케이포스를 따라다니며 사진 찍는 임

---

* 케이포스(K-Force) | 유엔군의 일원으로 한국전쟁에 참전한 뉴질랜드 군대의 이름. 1950년 12월 31일에 한국에 도착해 1951년부터 실질적인 전투에 참가했다. 그 후 2년 6개월가량 전쟁에서 활약한 이들의 병력은 3,794명으로 기록되고 있으며, 그중 23명이 전사하고 79명이 부상당한 바 있다.

무가 주어졌습니다.

'이제 마음껏 사진을 찍을 수 있겠구나!'

나는 세상을 다 얻은 기분이었습니다. 필요한 카메라 장비를 구입하기 위해 홍보 담당 장교인 케이드 베리 중위와 함께 일본을 여행하는 기회도 얻었습니다.

내가 찍은 케이포스 부대의 활동 상황 사진을 뽑기 위해 사진 현상용 암실이 일본의 쿠레에 있는 케이포스 본부 사령부에 설치되었습니다. 쿠레에서 일본 현지인 기사를 한 명 채용하여 현상소에서 일을 했고, 모든 사진은 뉴질랜드로 보내져 언론에 배포되었습니다. 당시 〈오클랜드 위클리뉴스〉와 〈프리랜스〉 등 뉴질랜드 신문들이 거의 매주 두 쪽에 걸쳐 내가 보낸 사진들을 소개했습니다.

많은 국민들과 특히 병사들의 가족은, 한국전쟁 소식이 실린 신문과 잡지를 찾아보며 사진과 글을 통해 군인들이 어떻게 생활하고 있는지 확인했습니다.

→ 전쟁 고아였던 '킴'

가평 전투 장면이 실린 우표

"이안이 잘 지내고 있는 것 같아 다행이에요."

새 카메라로 찍은 내 사진을 보고, 몹시 걱정하고 있던 우리 가족들도 안심을 했다고 합니다.

사실 전쟁터에서 위험할 때도 많았습니다. 한번은 우리 부대 안에 중공군의 포탄이 떨어져 2명이 죽는 사고가 일어났습니다. 나는 그때 바로 옆 막사에서 동료와 이야기를 나누고 있었습니다. 그런데 포탄이 터지면서 파편이 날아오더니 동료가 들고 있던 물통을 깨트려 버리지 뭡니까. 하지만 둘 다 상처 하나 없이 무사했으니, 전쟁터에서 죽고 사는 것은 그렇게 작은 우연이 갈라 놓기도 하나 봅니다.

한국에서 찍은 사진 모두가 의미 깊지만, 우리 부대에서 함께 생활했던 전쟁 고아 킴(Kim)의 사진이 특히 마음에 남습니다. 킴은 일곱 살이나 여덟 살 정도 되는 어린 아이였는데, 전쟁 통에 가족을 모두 잃고 우리 부대에서

1 잊히지 않는 기억 21

잡다한 심부름을 하며 생활했습니다. 킴뿐만 아니라 폐허가 된 거리를 헤매는 고아들이 한국에 정말 많았습니다. 그 광경을 생각하면 지금도 마음이 참 아픕니다.

다음으로 손꼽고 싶은 것은 뉴질랜드 2달러짜리 우표로 나온 사진입니다. 뉴질랜드 16포병 연대 부대원들이 중공군을 향해 포를 발사하는 이 사진은 '가평 전투' 때의 장면입니다.

영연방 4개국(영국, 캐나다, 호주, 뉴질랜드) 제27여단 소속 2,500여 명 장병들이 수만 명의 중공군을 상대로 격전을 벌인 가평 전투는 6·25 전쟁의 대표적인 격전지 가운데 하나입니다. 1951년 4월 파죽지세로 쳐내려오던 중공군이 가평 전투에서 처음으로 크게 패했고, 유엔군은 새롭게 전투를 유리하게 시작할 수 있는 여유를 얻을 수 있었습니다.

1년 8개월의 복무 기간을 마친 후 뉴질랜드로 귀국한 나는 종군 사진병 활동의 업적을 인정받아 현지 신문사에서 사진 기자로 일했습니다. 그 뒤 35년간 직장 생활을 하다가 1998년에 은퇴하고 뉴질랜드 '한국전쟁참전용사회'를 이끌어 왔습니다.

22세 때 참전한 한국전쟁은 위험했지만 굉장한 경험이었고, 내 인생을 바꾼 사건이었습니다. 참전을 통해 많은 친구를 얻을 수 있었기에 더욱 감사하게 여깁니다.

내가 찍은 한국전쟁 사진들

↑ 얼어붙은 한강을 건너고 있는 셔먼 탱크들

↓ 동료 부대원들

← 경기도 여주의 역 구내 막사

↑ 1953년 9월 경상남도 부산

당시 수천 명의 피난민이 절대 빈곤 상태에서 생활하고 있었어요. 부산은 유엔군 캠프에서 버려진 폐목재 따위로 지은 누더기 판잣집이 넘쳐났지요. 상수도 시설이나 조리 시설도 없이 전쟁 전보다 세 배나 많은 사람들이 부산 바닷가 해안에서 살았어요.

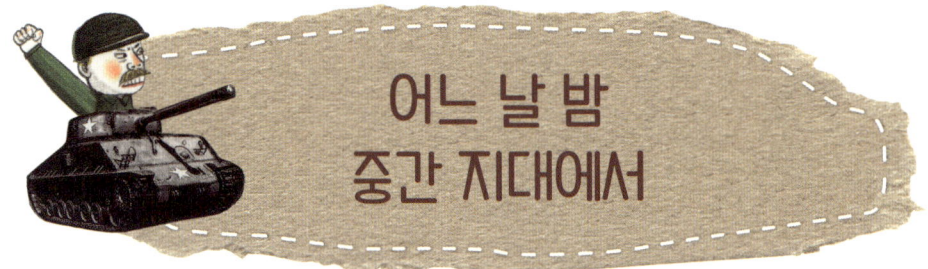

어느 날 밤 중간 지대에서

팻 히키 Pat Hickey

1952년 가을, 나는 한국에서 복무하고 있었습니다. 매일 새벽 다섯 시에 일어나 그날의 포격을 위해 대포를 점검하고 고치는 것이 나의 일과였습니다. '쉬운 부대'로 별명이 붙은 163포병 부대의 기술병(수리병)이 나의 임무였지요.

"밤이나 낮이나 대포가 잘 작동해야 한다. 유지 점검에 지름길이란 없다."

포대의 사관들에게 부과된 규율은 엄격했습니다. 한번은 3번 대포에서 대충대충 일을 하던 사관이 적발되기도 하였습니다.

그런데 9월 13일에 그 일이 일어났습니다. 나는 그날 오후 3시경부터 작업이 있었기에 해군 통신 부대원들이 함께 쓰는 막사에서 책을 읽고 있었습니다. 그때 딘티 데이 상사가 와서 주위를 둘러보며 물었습니다.

"오늘밤 중간 지대(서로 대치하고 있는 남북한 군대 사이의 무인 지역)에 새로운 통신선을 파묻으러 가야 한다. 혹시 자원자 없나?"

"……."

아무도 손을 들지 않아 내가 손을 번쩍 들었습니다.

"두 명이 더 필요한데."

상사는 포대로 내려가 3번 포 담당 톰 오닐과, 관측소에 근무하는 통신병 잭 랭카스터를 지명했습니다. 둘 다 좋은 사람이었습니다.

잭은 영국 육군 소년병이었는데, 밤낮 똑같은 노래만 불러 댔습니다.

"새우잡이 배가 오고 있다네에에에……."

중간 지대로 가다

우리는 오후 네 시에 포병 부대를 출발해서 전방의 후크 고지에 도착했습니다.

"지금부터 작업 시작하면 한밤중에 나가게 될 거다. 작업 중에 조명탄이 우리 지역에 터지더라도 움직이지 말고 조용히 있어야 한다."

몇 가지 주의 사항을 듣고 우리는 상사의 지시에 따라 앞으로 나아갔습니다. 가는 도중 얼굴을 시커멓게 칠한 채 말없이 무기를 점검하고 있는 몇 명의 호주 병사를 만났습니다. 밤이 점점 깊어지고 있었습니다.

중간 지대에 도착했을 때 사방은 쥐죽은 듯 조용했습니다. 갑자기 조명탄이 하늘 높이 치솟았지만, 우리는 동요하지 않고 선로를 따라갔습니다. 목표 지점의 일부가 무너져 내렸으나 다행히 선로는 끊어지지 않았기에 우리는 유지 보수를 무사히 끝낼 수 있었습니다.

새벽 4시경 부대로 돌아가는데, 갑자기 앞에서 누군가 "암호!" 하고 외쳤습니다. 앞서 가던 딘티 상사가 당황하며 나를 돌아보았습니다.

"암호를 잊어 먹었어."

어둠 속에서 총이 찰칵 장전되는 소리가 들렸습니다. 조용한 곳에서 그 소리는 매우 컸습니다. 그때 짧은 공포의 순간을 깨뜨리며 누군가가 이렇게 말했습니다.

"어서 오게, 키위들."

호주 병사들의 짖궂은 장난이었던 것입니다.

다음 날, 우리는 아침 6시에 일어났습니다. 톰 오닐과 나는 머그잔에 차를 타서 들고 근처 작은 언덕에서 이야기를 나누고 있었습니다. 바로 그때 북한군이 박격포를 쏘기 시작했습니다. 그중 하나가 영국제 탱크의 해치 안으로 떨어져 탱크가 폭발해 버렸습니다. 탱크 안에 있던 병사도 함께…….

권선징악

점심때 쯤 우리는 다시 포병 부대로 돌아왔습니다. 어제와 다르게 대포가 최전방 후면의 북한군을 바로 겨냥하고 있는 위치로 옮겨져 있었습니다.

"나는 차를 좀 끓일게."

톰 오닐이 말했고, 나는 화장실에 갔습니다. 일을 보고 있는데, 갑자기 큰 폭발음이 들렸습니다. 불과 몇 미터 코앞에 있던 낡은 한옥이 산산이 부서져 버렸습니다. 나는 벌떡 일어나 사람들이 앉아 있던 막사를 향해 뛰었습니다.

바지를 손으로 잡고 연신 추켜올리며 달려오는 나를 보고, 사람들은 또 무슨 장난이라도 치는 줄 알았을 것입니다.

"어서 거기서 나와. 놈들이 포격하고 있어!"

나는 있는 힘을 다해 외치며 달렸습니다. 그러나 다음 박격포가 떨어질 때까지도 그들은 나를 멀뚱멀뚱 쳐다보기만 했습니다. 나는 마침 참호 하나를 발견하여 재빨리 그 속으로 뛰어들었습니다.

무시무시한 포격이 계속되었습니다. 나는 머리를 파묻고 웅크린 채 덜덜 떨었습니다. 다른 사람들도 마찬가지였습니다. 마침내 포격이 완전히 멎었을 때, 나는 조심스럽게 대포들이 있는 곳으로 내려갔습니다. 그리고 포좌 안에 톰 오닐이 있는 것을 발견했습니다.

"여기 있었구나."

우리는 서로 무사함을 확인하고 씩 웃었습니다.

포격이 있었을 때 한 가지 재미있는 일화도 있었습니다. 포와 포병을 보호하는 참호 옆에 포탄이 떨어졌을 때, 하사관 한 사람이 대원들에게 알리지도 않고 도망을 쳤다고 합니다.

그 하사관은 잠시 후 눈이 째진 마오리 족(뉴질랜드 원주민) 출신 소년병의 밑에 깔렸습니다. 뚱뚱한 마오리 족 소년병이 그를 보고 펄쩍 뛰어올라 등뼈를 부러뜨릴 듯 걷어찬 뒤 깔아뭉갠 것이었습니다.

"동료들을 배신하고 혼자 살려고 하다니, 당신은 벌을 받아야 해!"

고향으로 돌아온 후

뉴질랜드에 돌아온 뒤 나는 호주-뉴질랜드 퍼레이드에 참가하러 시드니에 가게 되었습니다. 퍼레이드가 끝나고, 소속에 따라 호텔로 배치되어 한자리에 모였을 때입니다. 어떤 호주 사람이 다가와 내게 말을 걸었습니다.

"뉴질랜드에서 왔어요?"

"그렇습니다."

"한국전쟁에도 참전했나요?"

"네. 포병 기술자로 복무했어요."

그는 웃으며 말했습니다.

"내 동생도 한국전 참전 용사예요. 중간 지대에서 어느 날 밤 통신선로를 파고 있던 뉴질랜드 병사들을 위협해서 깜짝 놀라게 한 적이 있다고 하더라고요."

"내가 바로 그 병사들 중 하나예요!"

그 말에 사방에서 웃음이 터졌고 환호성이 요란했습니다.

한국전 참전으로 나는 대포와 관련된 많은 것을 알게 되었습니다. 또 전쟁터에서 있었던 일이며 사람들에 대해 많은 이야깃거리를 갖게 되었습니다. 함께 복무했던 포병 부대 사람들과 교류하며 그들과 동지였음을 평생 자랑스럽게 여기고 있습니다.

한국에서 찍은 사진들

↑ 1897년에 세워진 서울의 독립문

↑ 1953년 8월 서울역

↑ 1953년 뉴질랜드 병사들

↑ 1952년 9월 호주 병사들의 콘서트

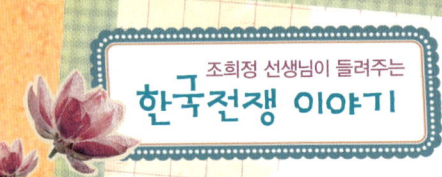

한국전쟁은 왜 일어났을까요?

2차 세계 대전을 일으켰던 일본이 항복하자, 해외에서 독립을 위해 활동하던 민족 지도자들이 해방된 조국으로 돌아왔어요. 민족 지도자들은 조선건국준비위원회를 조직하고 정부 수립을 위해 노력했어요. 하지만 정부 구성에 대한 다양한 의견을 하나로 합치지 못하면서 위원회는 실패로 끝나 버렸지요.

우리 민족이 통일 정부 수립에 어려움을 겪는 가운데 자국의 이익을 추구하려는 소련과 미국이 북위 38도선을 경계로 북쪽과 남쪽에 각각 주둔하면서 한반도는 우리 민족의 의지와 상관없이 둘로 나누어지게 되었습니다.

한반도는 미국과 소련이 서로 세력을 넓히려는 힘겨루기장이 되었어요. 미국은 소련의 사회주의가 더 이상 한반도에 확산되는 것을 막기 위해 자본주의에 가까운 정부를 세우려 했고, 소련도 사회주의에 가까운 정부를 한반도에 세워 사회주의가 확대될 수 있도록 하려고 했어요.

미국과 소련의 의견 차이가 좀처럼 좁혀지지 않자 한반도 문제는 유엔으로 넘어가게 되었어요. 유엔은 유엔한국임시위원단의 감시 하에 남북한 총선거를 실시하여 통일 정부를 세우라고 결정했어요. 그렇지만 북한은 이 결정을 받아들이지 않았지요. 결국 남한만 총선거를 실시한 결과, 남한에는 이승만 정권의 대한민국 정부가 세워졌습니다. 북한에도 김일성을 대표로 하는 정부가 세워지면서 한 나라에 두 개의 정부가 수립되어, 우리나라는 오늘날까지 분단국가로 이어져 오게 되었어요.

남북한에 정부가 세워진 후 미군과 소련군은 한반도에서 철수했어요. 하지만 홀로 남겨진 남북한은 힘을 합치지 못하고 서로를 비난하기 시작했어요. 미국과 소련의 정치 이념에 따라 남한에는 자본주의가, 북한에는 사회주의가 도입되면서 남한에서는 사회주의 활동을, 북한에서는 자본주의 활동을 반국가 단체 활동으로 정하고 서로 간의 불신과 적대감을 키우게 된 것이지요.

남북한의 갈등이 깊어지자 북한의 김일성은 남북을 통일하여 사회주의 국가를 세우기 위해 중국과 소련에 도움을 요청했어요. 그 결과 소련으로부터는 무기 지원을, 중국으로부터는 군대 지원을 약속받아 강한 군사력을 키우게 되었지요.

반면 남한은 소련의 사회주의 확산을 막는 방어선에서 우리나라를 제외시킨다는 미국의 결정에 따라 미국의 보호를 받지 못하게 되었어요. 미군이 빠진 남한의 군사력은 북한에 비해 너무나 열악했지요. 이러한 상황에서 전쟁의 승리를 확신한 북한은 1950년 6월 25일, 결국 38선을 넘어 한국전쟁을 일으켰습니다.

> "아군이 있던 위치에 포격하라는 명령이 떨어졌을 때, 우리는 불안과 우려를 느꼈습니다. …… 아군이 우리 측의 포탄에 죽을 수도 있다는 끔찍한 느낌이 들었지만, '전쟁'이라는 절망적인 상황은 도덕적인 의문과 토론 자체를 불가능하게 했습니다."

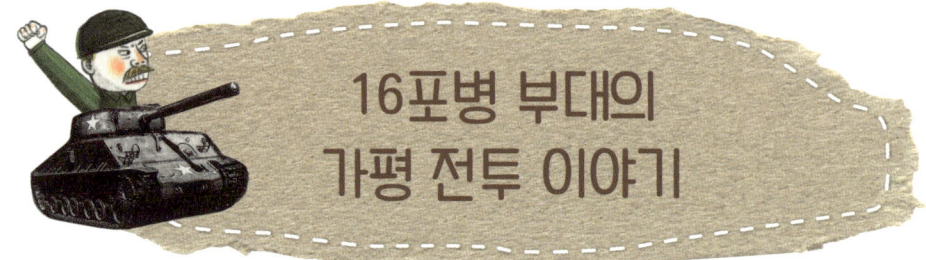

16포병 부대의 가평 전투 이야기

1951년 4월 22일. 우리 뉴질랜드 포병대는 가파른 산들로 둘러싸인 가평천 지류인 가림 계곡에 자리 잡고 있었어요.

"앤잭 데이(ANZAC Day)에 뭔가 행사를 하겠지?"

"맛있는 거나 실컷 먹었으면!"

우리는 곧 있을 앤잭 데이를 설레는 마음으로 기다리고 있었어요. 앤잭 데이는 한국의 현충일과 비슷한 날인데, 1915년 4월 25일 세계 1차 대전 당시 터키 갈리폴리 전투에서 희생된 뉴질랜드-호주 장병들의 넋을 기리는 기념일입니다. 뉴질랜드와 호주 군인들에게는 무척 뜻깊은 날이지요.

그런데 저녁 11가 넘었을 때 부대 안이 갑자기 술렁거렸어요.

"전방에 무슨 일이 있는 것 같아."

"왜? 무슨 일인데?"

"잘 모르겠지만 큰 전투가 벌어진 것 같아."

취침 중이던 부대원들은 모두 일어나 황급히 짐을 싼 채 위에서 명령이 내려오길 기다렸어요. 그때 어둠 속에서 한국군이 우리 부대를 지나 후퇴하는 모습이 보였어요. 무언가에 많이 놀라고 겁에 질린 표정들이었어요.

알고 보니 중공군이 3개 군단 27만 명의 병력을 이끌고 제5차 총공세를 펼친 것이었어요. 국군 6사단은 중공군에 공격을 당해 절반이나 희생을 당하고, 무기와 중장비를 다 잃어버린 채 힘겹게 후퇴하고 있었던 거예요. 6사단 주위에 배치되어 있던 미군 부대원들도 보유하고 있던 로켓포도 버린 채 몸만 겨우 빠져나온 급박한 상황이었지요. 아무 연락도 받지 못한 뉴질랜드 포병대도 무엇을 어찌 해야 할지 몰라 우왕좌왕했어요.

"27여단(영연방 4개국 군으로 이루어진 군대)이 중공군을 저지해야 한다. 즉시 뉴질랜드 포병대를 전진 배치시켜 국군을 지원하라!"

한참 뒤 상부의 명령을 받은 16포병 *연대는 가남리라는 곳에 자리 잡았어요. 길가에는 후퇴하는 군인들뿐 아니라 피난민들이 물결을 이루고 있었

---

* **연대** | 군대 편성 단위의 하나. 사단 또는 여단의 아래이다. 사단은 여러 병과가 모여 있으며, 이를 지휘하는 사령부가 있다. 여단은 사단보다 규모가 작고 보통 2개의 연대로 이루어진다.

어요. 그런데 중공군 60사단이 다시 저돌적으로 공격해 오는 바람에 국군 방어선이 또 무너졌어요.

"후퇴다! 후퇴하라!"

뉴질랜드 포병대에도 후퇴 명령이 떨어졌어요. 중공군이 무섭게 뒤쫓아 오며 연신 총을 쏘아 댔지요.

"으윽!"

함께 후퇴하던 유엔군이 총에 맞아 쓰러졌어요. 그러나 아무도 그를 구할 수가 없었어요. 보고도 그냥 지나가야만 했지요. 그렇지 않으면 자신까지 죽을 테니까요.

16포병대는 내천이라는 곳에서 포 위치를 다시 잡았어요. 전화가 안 되는 건 물론이고 무전조차 되지 않는 지형이었어요. 밀려오는 중공군을 맞아 전방의 호주군이 일차 공격은 겨우 막아 냈지만, 한 시간 후에 다시 공격을 해 오는 바람에 후퇴를 할 수밖에 없었어요.

"계속 쏘아라! 쉬지 말고 포격해라!"

뉴질랜드 포병은 호주를 지원하기 위해 밤새 포격을 퍼부었어요. 중공군이 포 근처까지 진격해 오는 바람에, 아비규환 같은 치열한 전투가 계속되었어요. 날이 새자 포병 대대는 이동하여 포 24문을 새롭게 배치하였어요.

"중공군이다. 포격 개시!"

좁은 계곡을 뚫고 내려오는 중공군을 맞아 아침 7시부터 포격을 가했어요. 그런데 오후 3시경 중공군이 방향을 바꿔 공격해 와, 또 한 번 큰 위기를 맞았지요.

"포탄이 다 떨어져 가는데 어쩌지요?"

병사들이 걱정하고 있을 때, 수송대가 피난민 사이를 뚫고 포탄을 바쁘게 실어다 주었어요. 호주군은 94명의 사상자 중 32명이 전사하는 가운데 버티면서 중공군을 막아 내고 있었어요. 캐나다 군도 많은 사상자를 내며 고군분투하고 있었지요.

16포병 연대는 23일 저녁 가평군 가평천 부근에 다시 자리를 잡았어요.

"진지를 구축하고, 아군을 엄호한다."

언제 중공군이 진격해 올지 몰랐기 때문에 전투가 벌어진 2박 3일 동안 우린 잠을 잘 수가 없었어요. 음식도 먹을 수 없었지요. 포를 계속 쏴야 했기 때문에 내내 서 있어야만 했어요.

대포가 달아올라 페인트칠이 벗겨질 때까지 우리는 포를 쐈고, 끝내 중공군의 추가 남하를 막아 냈어요.

"중공군이 후퇴한다! 우리가 이겼다!"

마침내 중공군이 완전히 물러났을 때의 기쁨을 어떻게 표현할 수 있을까요! 나중에 중공군이 머물던 진지에 가 보니, 많은 군수 물자가 고스란히 남아 있어서 모두 또 한 번 환호성을 올렸지요.

만약 중공군의 5차 공세가 성공하여 경춘가도를 따라 계속 남하했다면 공산군이 다시 서울을 점령하게 되었을지도 몰라요. 이런 위급한 상황에서 전방의 영국군과 호주군은 부대원의 절반 가까이 죽거나 부상을 입는 엄청난 피해를 입으며 경춘가도를 지켜 냈어요. 캐나다 군은 후퇴하는 국군 6사단을 끝까지 엄호했고, 뉴질랜드 포병 연대는 막강한 포병 화력 지원으로 중공군을 저지했지요.

영연방 각국의 부대들에 '가평'은 무한한 자부심이자 전설의 성지입니다. 해마다 4월 23일경에는 참전 용사들이 가평에 모여, 용감히 싸우다 산화한 전우들을 추모하고 승리를 기념하는 행사를 해요.

약 1,000명의 병사 가운데 700명이 사상하는 큰 희생을 치렀지만, 자유를 누리며 경제적으로도 큰 발전을 이룬 한국인의 모습에 먼저 가신 영령들도 기쁨과 보람을 느낄 거라 생각합니다.

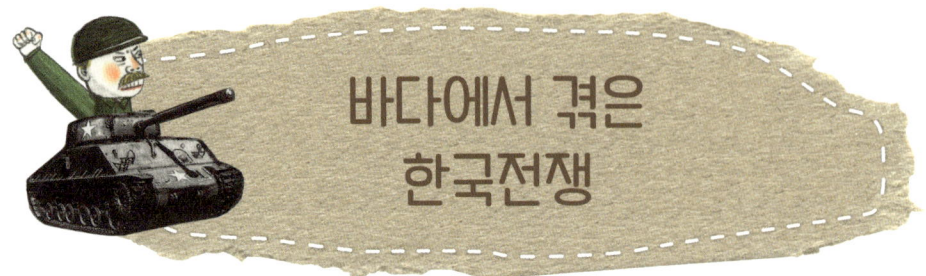

바다에서 겪은 한국전쟁

톰 리델 Tom Riddell

1950년 6월 초, 나는 뉴질랜드 해군 장교 후보생으로 선정된 두 명의 동료와 함께 있었습니다. 한 명은 타카푸나 출신의 존 버지스였고, 또 한 명은 크라이스트 처치 출신의 마이클 머시캠프였습니다.

"졸업하면 영국 해군 항공모함으로 가게 될까?"

"아마 그렇게 되겠지."

영국 해군에서 교육 과정을 이수했기 때문에 우리는 그렇게 생각했습니다. 그런데 졸업 후 우리는 영국 해군 훈련함이자 동아시아로 가는 군 수송선 데본셔 호에 배치되었다가, 싱가폴에서 자마이카 호로 갈아타게 되었습니다.

8,530톤급에 승무원 730명이 탑승할 수 있는 *순양함 자마이카 호는 세

게 2차 대전 때 우세한 독일 함대를 격퇴하고 영국 선단을 위기에서 구한 것으로 유명한 배이기도 했습니다.

홍콩을 잠시 들른 후, 자마이카 호는 일본으로 향하는 영국 극동 함대의 다른 군함들과 합류하기 위해 항해했습니다. 그런데 대만을 지날 무렵, 우리는 놀라운 소식을 들었습니다.

"북한 공산군이 남한을 침략했다는군!"

"유엔군이 군사 원조를 결의했다는데?"

자마이카 호는 일본 쿠레로 향하게 되었습니다. 그곳에서 하루 머물며 6인치 포탄에 기폭 장치를 부착하고, 어뢰에 탄두를 달아 전투 준비를 했습니다.

중공군의 참전을 염려해서, 대부분의 극동 함대와 미 7함대는 대만을 방어하기 위해 남쪽으로 갔습니다. 그런데 우리가 탄 영국 순양함 자마이카 호, 미국 순양함 주노 호 그리고 몇 척의 구축함과 호위함들은 북쪽으로 이동하도록 명령을 받았습니다.

"한국군과 미국을 지원하도록 한다."

---

* **순양함** | 빠른 기동력과 우수한 전투력을 지닌 큰 군함. 구축함은 어뢰 등으로 적의 배를 공격하는 작고 날쌘 군함. 호위함은 적으로부터 선단이나 항공모함을 호위하는 일을 맡은 군함을 가리킨다.

해안으로부터 3,000야드까지 접근하라.

↑ 영국 순양함 자마이카 호

이렇게 해서 우리 세 명의 뉴질랜드 해군 장교 후보생은 영국 소속의 배를 타고 한국전에 참전하게 된 것입니다. 우리 함대는 1950년 6월 30일 한국의 동해안에 도착했습니다.

"소련(러시아)이 북한 편을 들까?"

"그렇게 되면 안 되는데."

우리는 러시아가 같은 공산주의인 북한을 돕기 위해 참전할까 봐 신경을 썼습니다. 러시아의 강력한 잠수함 어뢰는 우리들에게 정말 큰 위협이었기 때문입니다.

처음 며칠 동안, 우리는 북한군의 전진을 늦추기 위해 철도와 도로를 포

2 전쟁 속으로

격했습니다. 북한군이 빠르게 남한을 점령해 가고 있었기 때문에, 군대와 탱크 이동을 할 수 없도록 길을 끊어야 했던 것이지요.

그런데 7월 2일, 해상 경계를 위해 항해를 나갔던 함대가 주문진 앞바다에 이르렀을 때입니다. 함대의 레이더에 여러 척의 북한 선박이 발견되었습니다.

"적이다! 총원 전투 준비!"

함대는 조명탄을 발사하여 선박을 확인했습니다. 네 척의 어뢰정과 두 척의 포정이 열 척의 탄약 보급선을 호위하고 있었습니다. 북한 어뢰정이 즉시 포를 쏘며 공격해 왔습니다.

주노 호와 자마이카 호, 블랙스완 호도 곧바로 응사하며 서치라이트(탐조등)를 어뢰정에 비추었습니다. 돌진해 오던 북한군 함대는, 수십 문(포나 기관총 따위를 세는 단위)의 기관포 화력을 집중 타격 받아 세 척이 연달아 격침당했습니다.

"적이 달아난다!"

"만세!"

나머지 선박이 재빨리 달아나 버리는 바람에 포격은 중지되었습니다. 가공할 무기를 갖춘 영·미 해군에 비해 실전 경험이 없던 북한 해군의 무모한 도전은 패배로 끝이 났습니다. 이 전투가 한국전쟁 당시 유일한 해상 교전인 '주문진 해전'입니다.

그날, 해안에 있던 대포들은 주노 호에 포격을 가해 오기도 했습니다. 자마이카 호는 해안 대포가 잠잠해질 때까지 포를 쏘았습니다.

다음 5일 동안 함대는 포격을 계속하며 북쪽으로 항해했습니다. 7월 5일 저녁 자마이카 호와 스웬슨 호, 하트 호가 처음으로 38선을 넘었습니다. 한국을 지원하는 해군이 북한 수역으로 진입한 최초의 일이었습니다.

우리는 항구 도시 양양을 포격하도록 명령 받았습니다.(지금은 양양이 남한 땅이지만, 이때는 북한 영토였습니다.)

"해안으로부터 3,000야드까지 접근하라."

자마이카 호는 임무를 효과적으로 완수하기 위해 해안으로 가까이 다가갔습니다. 그런데 해안 포대에서 포탄을 쏘아 대기 시작했습니다. 무시무시한 소리와 함께 우리 배의 중심 돛대가 파괴되고, 유탄이 비 오듯 쏟아졌습니다. 배 안에는 처참한 비명 소리가 들리고, 연기와 불꽃이 가득했습니다. 정말 무서운 순간이었지요.

다행히 스웬슨 호와 다른 함대가 해안 쪽을 맹렬히 공격하여 마침내 대포를 완전히 제압했습니다. 자마이카 호는 주노 호에 의해 구출되었습니다. 포격으로 인한 사망자가 6명, 부상자는 10명이었습니다.

"부상자를 병원으로 호송하고, 연료와 탄약을 보충하기 위해 사세보로 간다."

갑판 뒤쪽에서 사망자를 위한 짧은 장례식이 열렸습니다. 여섯 구의 시신은 들것에 눕혀진 채, 유니언 잭(영국 국기)으로 덮여 있었습니다. 목사가 장례를 집전한 후, 여섯 구의 시신은 군함 측면의 활송 장치를 따라 미끄러져 바다에 수장되었습니다.

영국 해군 나팔수들이 망자를 위해 '소등 나팔'과 '기상 나팔'을 연주하고, 예포 담당 병사들이 세 발의 조포를 발사했습니다.

7월 3일, 뉴질랜드를 떠난 푸카키 호와 투티라 호가 드디어 한국에 왔다는 소식을 들었습니다.

"우리나라 프리깃함이 마침내 도착했군."

우리 세 명의 해군 장교 후보생은 어쩐지 마음이 뿌듯했습니다. 두 척의 호위함은 8월 1일 일본 사세보에 들어왔습니다. 호위함들은 매일 저녁 수송선단을 부산까지 엄호한 후 일본 사세보로 복귀하는 임무를 9월까지 수행했습니다. 물론 우리는 여전히 순양함 자마이카 호에 탄 채 임무를 계속했습니다.

9월 13일에는 '인천 상륙 작전'을 지원하기 위해 순양함 4척과 함포 7척이 인천항으로 갔습니다. 9월 10일부터 이 지역의 적군을 무력화시키기 위해 항공기로 이미 어마어마한 폭격이 실시된 뒤였습니다.

월미도 쪽으로 근접하여 살핀 뒤, 별다른 움직임이 없기에 아군이 먼저 해안을 폭격했습니다. 잠시 조용하더니 거센 반격이 들어왔습니다.

쾅! 콰콰쾅!

섬에서 가장 가까이 있던 쿤테, 스웬슨, 콜레트 함이 집중 포격을 받았습니다. 콜레트 함은 네 차례 75밀리 포탄에 명중되어, 5명의 부상자가 생겼습니다. 파편이 엔진실을 관통하고 저압 스팀 파이프가 파괴되었으며 기관조종실이 손상되는 등 피해도 컸습니다. 쿤테 함은 두 군데 명중하였지만 심각하지 않았고, 스웬슨 함에서는 스웬슨 중위가 유일한 사망자였습니다.

"선조의 이름을 딴 배에서 복무하다 희생되다니……. 이게 무슨 운명의 장난인가."

"더구나 여동생이 진수(새로 만든 배를 처음으로 물에 띄우는 일)한 배라지?"

우리는 스웬슨 중위의 희생을 안타까워하며 명복을 빌었습니다. 스웬슨 중위의 시신은 톨레도 호로 옮겨진 뒤, 간단한 장례 의식을 치르고 수장되었습니다.

나흘 동안 우리는 함포 사격을 계속했습니다. 자마이카 호는 많은 목표물을 겨냥했으며, 쌓여 있던 북한군의 탄약고를 명중시키는 엄청난 전과를 올리기도 했습니다.

월미도는 거의 무력화되었고, 섬을 방어하던 북한군 일부는 어둠을 이용하여 후퇴했습니다. 저항이 거의 미미해진 가운데, 15일 미 해병대는 월미도에 상륙하여 태극기를 월미도 정상에 올렸습니다. 인천 상륙 작전에 성

1950년 인천 상륙 작전

공한 것입니다!

그런데 17일 새벽에 네 척의 순양함은 두 대의 북한 YAK 전투기로부터 공격을 받았습니다. 자마이카 호는 전투 태세였고, 곧바로 교전에 들어갔습니다. 전투기 한 대가 우리 배의 옆쪽으로 기관총을 쏘아 댔습니다.

"곳살 수병이 부상을 당했다! 즉시 병원선에 연락하라!"

우리의 4인치 대포가 전투기를 맞혔고, 비행기는 주변 바다에 추락했습니다. 다른 한 대의 전투기는 달아났습니다. 대공 속사포 사수인 3등병 곳살 수병은 병원선 컨설레이션 호로 보내졌지만, 상처 때문에 곧 사망하고 말았습니다.

1950년 말 자마이카 호는 6인치 대포가 마모되어 영국으로 돌아갔습니다. 우리 세 명의 뉴질랜드 출신 해군 장교 후보생은 벨파스트 호로 전출되어, 1951년 상반기 동안 한국 수역에서 복무했습니다.

때때로 바다는 얼어붙었고, 한국의 겨울은 몹시 추웠습니다. 한 스코틀랜드 백파이프 연주자가 들려주던 슬픈 곡에 가슴이 몹시 아팠던 기억이 지금도 생생합니다.

2 전쟁 속으로 51

"축하하네, 톰 리델 소위."

소위로 임명된 나는 8월부터 10월까지 블랙스완 호에서 근무했습니다. 우리는 북한 서쪽 해안을 벗어나 중국 국경에 이르도록 활동했습니다. 10월 첫 주에 블랙스완 호는 한강과 인접한 지역의 작전에서 800발 이상의 포탄을 발사하기도 했습니다.

60년의 세월이 흐른 뒤 2010년 9월, 한국 정부의 초청으로 나는 다섯 명의 한국전 참전 뉴질랜드 수병들과 함께 한국을 방문했습니다. 우리는 군인 묘지에 헌화하고, 북한군들을 보기 위해 휴전선까지 갔습니다.

인천 상륙 작전의 재연도 보고, 인천의 중심 도로를 따라 퍼레이드 행렬에도 참가했습니다. 우리는 환대 받았고, 좋은 음식을 대접 받으며 한국의 많은 곳을 구경했습니다. 부산의 유엔 묘지 기념 벽에서는 삼등 수병 곳살(Godasll)의 이름을 보고 가슴이 뭉클해지기도 했습니다. 한국인들은 매우 친절했고, 우리 뉴질랜드와 뉴질랜드 인들에 대해 무한한 호의를 보여 주었습니다.

한국인에 대한 내 인상은, 60년 전 그들에 대한 봉사를 매우 고맙게 생각하는 자신감 넘치고 친절한 사람들이라는 것입니다. 그들은 북한에 있는 동족과 평화로운 통일을 희망하고 기다리는 사람들입니다.

치열했던 후크 고지 전투

데이비드 매너링 David Mannering

1953년 5월 30일. 미 8군 한국 사령부는 다음과 같이 짤막하게 공식 발표를 하였습니다.

"……적군은 아군의 대응 공격과, 사단 및 군단의 지속적인 화력에 의해 물러갔다. *후크 고지는 1953년 5월 29일 탈환되었다."

---

* **후크(Hook) 고지** | 임진강의 지천인 사미천 계곡의 남서쪽에 갈고리처럼 생긴 유엔 방어선을 가리키는 말이다. 후크 고지 전투는 한국전쟁 막바지에 벌어진 치열한 전투로 기록된다. 참전 용사들은 Battle of the Hook 또는 Hook Feature Battles로 부른다.

나는 이때 뉴질랜드 육군 162포병 부대의 책임 장교로 후크 고지 전투에 참여했습니다. 그래서 그때의 기억을 상세히 되살릴 수 있습니다.

후크 고지는 한국의 수도 서울에서 40마일 떨어진 곳에 있습니다. 서울로 향하는 적의 침략 루트를 막아 내는 핵심 지대였지요. 그래서 이 지역은 전쟁이 난 이래, '주인 없는 땅(전쟁에서 양쪽 군대의 중간 지대)'에서 서로 뺏고 빼앗기기를 거듭하고 있었습니다.

뉴질랜드 16포병 연대는 1952년에 심리전을 지원하기 위해 전단, 만화 등이 들어 있는 선전탄을 쏘기도 했습니다. 1952년 10월 치열한 공방 끝에 영국군이 후크 고지를 차지했다가, 11월엔 중공군이 다시 승리를 했습니다. 그날 밤 중공군의 선전용 스피커에서는 스코틀랜드 음악이 흘러나왔습니다. 전쟁터의 익살스러운 유머였지요.

1953년 3월에는 영연방 컴웰 사단이 후크 고지를 점령한 상태였습니다. 이에 중공군은 900문의 야포를 설치하고 약 16만 명을 배치하는 등 공격 준비를 강화하고 있었습니다.

"제군들, 우리의 임무는 적에게 빼앗긴 '주인 없는 땅'을 모두 되찾고 통제력을 쥐는 것이다. 적들이 1951년의 성공을 되풀이하지 못하도록 우리는 반드시 이겨야만 한다."

연합군은 목표 달성을 위해 작전을 짰습니다.

"포병 부대는 후방에서 지원을 하고, 보병 부대는 매복 배치와 정찰 임무를 수행한다. 적이 침투하지 못하도록 요소요소 틈새마다 방어한다. 알겠나?"

"알겠습니다!"

한국의 지형에서 전차는 아무 쓸모가 없었습니다. 그래서 유엔군은 세계 1차 대전 때의 전투 방식으로 돌아갔습니다.

쿵! 콰쾅, 펑!

5월 20일 밤, 중공군은 엄청난 공격을 해 왔습니다. 후크 고지로 무려 4,500개의 포탄을 발사하는 바람에, 무기고와 참호들이 적지 않게 파괴되었습니다.

"밀리면 안 된다. 대포를 계속해서 쏘아라!"

아군은 많은 피해를 입었지만 고지를 뺏기지 않고 끝까지 지켜 냈습니다. 적은 일주일 동안 산발적인 포격과 박격포 공격을 계속했습니다.

발사! 계속 발사하라!

초기에 충분히 탐색전을 치른 연합군은, 5월 29일 해질 무렵 모든 사단이 동시에 선제 공격을 시작했습니다. 방어망의 주요 지점마다 탱크를 숨

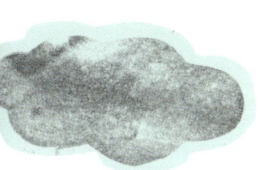

겨 놓았고, 박격포와 야포 등을 갖춘 포병 연대가 지원을 했습니다. 후크 고지와 인근 지역에 대한 적의 포격이 증가되기 시작했습니다.

"이곳, 이곳, 그리고 이곳이 공격 목표다."

뉴질랜드 야전 연대는 세 곳에 120개의 포탄을 발사하고, 다시 세 곳을 더 선정하여 집중적으로 대포를 쏘았습니다. 중공군의 포격이 눈에 띄게 둔화되었습니다.

잠시 한숨을 돌리나 했더니, 이번에는 엄청난 숫자의 보병들이 공격을 해 왔습니다. 수류탄, 자동 소총, 휴대용 폭약으로 무장한 중공군은 육박전으로 아군의 외부 반경을 제압해 버렸습니다.

"기관총과 박격포를 쏘아라! 한 치도 물러서지 마라!"

듀크 부대(정규군)와 킹스 부대(19세의 국민 징병군)는 모든 것을 동원해 싸웠습니다. 고막이 터질 듯한 포탄의 굉음, 박격포 소리, 나팔 소리, 죽어 가는 자와 부상자들의 비명 소리, 드르륵드르륵 이어지는 기관단총의 불빛과 폭발하는 공중 폭발탄의 섬광, 화염탄과 조명탄, 서치라이트의 섬뜩한 빛이 사방에 난무했습니다.

아군과 적군은 서로 뒤엉킨 채 자동 소총, 수류탄, 소총, 심지어는 야전삽까지 들고 싸웠습니다. 사단 포병 부대원들은 피와 땀과 흙먼지로 범벅이 되어 있었습니다. 적의 일부는 후크 고지 전면까지 다가왔고, 사방에서 속임수 공격으로 위협하였습니다. 그 때문에 포격은 이쪽에서 저쪽으로 자주 전환을 해야 했습니다. 적절한 대응을 하려면 포와 포탄이 두 배는 더 필요한 상황이었습니다.

"발사! 계속 발사하라!"

후크 고지에서 쉬지 않고 지원했지만 듀크 부대는 적에게 제압당하고 말았습니다.

아군이 있던 위치에 포격하라는 명령이 떨어졌을 때, 우리는 불안과 우려를 느꼈습니다.

'가평 전투 때도 이런 명령을 받았지.'

영연방 4개국이 함께 싸우다 캐나다 부대가 중공군에 제압당했을 때, 우리 뉴질랜드 연대는 아군인 캐나다 부대가 있던 위치에 40분간 2,300발의 포격을 했던 적이 있습니다. 아군이 우리 측의 포탄에 죽을 수도 있다는 끔찍한 느낌이 들었지만, '전쟁'이라는 절망적인 상황은 도덕적인 의문과 토론 자체를 불가능하게 했습니다.

"발사 중지!"

뉴질랜드 포대는 잠시 공격을 중단하고, 대원들이 지속적인 압력에 얼마나 잘 견디고 있는지 신속히 참호를 점검했습니다. 병사들의 불타는 열정은 자부심을 느끼기에 충분했으며, 포좌 밖에 쌓인 탄약 카트리지와 탄약

상자 더미가 그들의 힘든 노력을 증언해 주고 있었습니다.

병사들의 안전은 전혀 보장되지 않았고, 적군에 대한 대응 포격 능력도 약했습니다. 사단 포격 라인은 훼손되지 않고 있었지만, 관측 부대와 전선에 나가 있는 연락병들은 전투 보병과 같은 위험에 처해 있었습니다.

중공군은 헝겊 가방에 8~10킬로그램짜리 고성능 폭약을 담아, 엄폐된 자동 소총 벙커의 틈새에 던져 넣곤 했는데, 벙커의 아군 병사에게는 치명적이었습니다. 이 벙커와 가려진 참호 구역에서 포탄과 박격포, 기관총 사격의 굉음이 요란한 가운데 몸으로 육박전이 벌어졌습니다. 후크 고지 남쪽 측면의 대대 사령본부 벙커는 심각한 타격을 입었습니다.

전투가 끝나고

　오후 2시경 아군의 집중 포격이 중공군 선두 부대를 초토화시켰습니다. 아군 수비대와 증원군이 보강되면서 적군은 차츰 기세가 꺾였습니다. 새벽까지 이어진 처참한 전투와 포격 끝에 중공군은 결국 퇴각했고, 병사들은 비로소 "편히 쉬어." 명령을 받을 수 있었습니다.

　되찾은 참호와 요새에는 많은 중공군 사망자들이 남겨져 있었습니다. 지친 침묵이 갈갈이 찢긴 풍경 위로 스며들었습니다.

　"이럴 수가……."

　오후에 후크 고지를 새로 인수하기 위해 온 교체 부대원들은 뭐라 말을 잇지 못했습니다. 파괴되고 부서진 전투 현장과 엄청난 중공군 사망자들을 두려움과 놀라움으로 바라볼 뿐이었습니다.

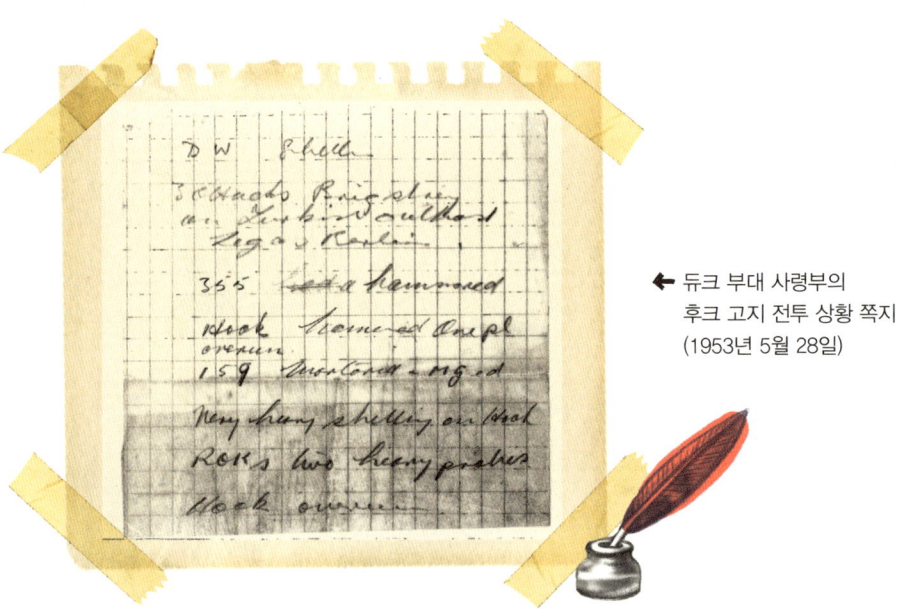

← 듀크 부대 사령부의
후크 고지 전투 상황 쪽지
(1953년 5월 28일)

전투 기간 동안 컴웰 사단의 포병 부대는 모두 3만 2,000발의 폭탄과 박격포를 쏘았습니다. 미군 부대는 6,000발을 쏘았고, 적의 포탄은 약 1만 1,000발로 추산되었습니다.

이틀 뒤 유엔 항공기는 아군 고지 반대편에 있는 중공군 방어 기지에 폭탄과 네이팜탄을 투하했습니다. 115회 출격이라는 대규모 공습은, 한국전쟁 기간 중에서 가장 강력한 공습 중 하나였습니다.

후크 고지는 8시간에 걸쳐 적군과 아군의 온갖 포탄 공격을 받았습니다. 샌드 허스트 영국 육군사관학교 선임 강사는 이렇게 증언했습니다.

"1,000야드 전면부에 그토록 포격을 받은 것은, 세계 1차 대전 이래로 최대 집중 포격입니다."

전투가 끝난 며칠 뒤, 나는 여섯 문의 대포로 쏘는 축포 부대인 '6문 축포대'의 우측 구역 장교로 임명되었습니다. 그리고 그로부터 얼마 되지 않은 7월 27일, 한국전쟁 휴전 협정이 조인되었습니다.

약 30개월 지속된 전투에서 뉴질랜드 제16 야전 연대의 대포들은 80만 발 가까운 포탄을 적에게 퍼부었습니다. 유엔과 한국 연합군의 어떤 포병 부대보다, 그리고 2차 세계 대전 동안의 뉴질랜드 포병 부대보다 더 많은 포격이었습니다. 평균 연령 22세에 불과했던 병사들의 놀라운 열정과 크나큰 노고는 지금 생각해도 머리가 숙여집니다.

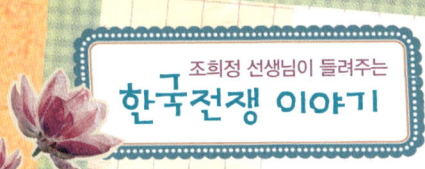

한국전쟁은 어떻게 전개되었을까요?

1950년 6월 25일 새벽 4시. 북한은 242대의 전차를 앞세워 남한을 공격해 왔어요. 단 한 대의 전차도 없는 무방비 상태에서 기습 공격을 당한 남한은 속수무책으로 밀릴 수밖에 없었지요. 남한보다 월등한 군사력으로 무장한 북한은 단 3일 만에 서울을 점령한 후 계속해서 남쪽으로 밀고 내려 왔어요.

두 달도 채 안 되는 시간 동안 남한의 전 지역이 북한군에게 점령되고, 남은 곳은 낙동강을 경계로 한 부산과 경상도 일대뿐이었지요. 이에 국군은 낙동강 일대에 최후의 방어선을 구축하고 필사적으로 싸우며 한 달 이상을 버텨 냈지만 역부족이었어요. 그러나 이때 남한의 도움 요청을 받아들인 유엔의 결정에 따라 유엔군이 참전하게 되면서 전세가 역전되었습니다.

1950년 9월 15일, 유엔군 총사령관인 맥아더 장군은 인천 상륙 작전을 성공시켰어요. 한반도의 허리를 끊어 북한군을 공격하는 과감한 작전이었지요. 전쟁을 금방 끝낼 것이라 예상했던 북한은 군사 물품을 전달받는 보급로가 끊기자 급속히 무너졌어요. 국군과 유엔군은 북쪽으로 계속 진격하여 9월 28일

서울을 되찾았고, 10월 19일에는 북한의 수도 평양을 점령했어요. 기세를 몰아 압록강까지 진격한 국군과 유엔군은 한반도의 통일을 눈앞에 두고 곧 전쟁을 끝낼 거라 확신했어요. 그러나 예상치 못한 중공군이 북한을 도와 전쟁에 개입하면서 다시 전세는 역전되었습니다.

　중공군은 매우 많은 수로 상대를 공격하는 인해전술을 펼치며 끝도 없이 밀려 내려왔어요. 1951년 1월 4일, 중공군의 공격을 당해 낼 수 없었던 국군과 유엔군은 다시 한강 이남까지 밀려나게 되었습니다. 이후 38선을 사이에 두고 서로 밀고 밀리는 치열한 싸움이 계속되었어요.

　한국전쟁에 여러 나라들이 참여하게 되면서 3차 세계 대전으로 커지는 것을 막기 위해 1951년 7월 10일 1차 휴전 회담이 열렸습니다. 하지만 양측의 입장 차이로 결론이 나지 않는 기나긴 협상 과정은 또 다른 전쟁의 시작이었어요. 협상의 주도권을 잡기 위한 치열한 고지 쟁탈전이 벌어졌기 때문이에요. 휴전이 되었을 때 조금이라도 땅을 더 갖기 위해 작은 고지를 사이에 두고 끝없이 뺏고 빼앗기는 전쟁이 2년 동안 벌어졌어요.

　그 후 158차례의 오랜 협상 끝에 1953년 7월 27일 양측의 대표가 판문점에서 만나 휴전 협정을 체결함으로써 3년 1개월간의 한국전쟁이 휴전 상태가 되어 오늘날에 이르고 있습니다.

" 3년간의 군 생활을 마친 뒤, 나는 민간인 신분으로 돌아가서
직업을 가지고 가정도 꾸리며 남들처럼 평범하게 살아왔습니다.
그러나 먼 타국의 전쟁터에서 잃은 동생을 잊은 적이 없었고,
해마다 한국전쟁 기념일과 밥의 기일이 돌아오면 북한 땅 어딘가에
잠들어 있을 밥을 그리워하며 사진을 오래오래 들여다보곤 합니다. "

3

그리운
가족

너의 희생은 헛되지 않았단다

존 마르치오니 John Marchioni

내 이름은 존 마르치오니입니다. 내가 19세이고 내 동생 로버트(밥)가 17세였을 때, 우리는 해군에 입대했습니다. 1949년 10월이었습니다.

그런데 1950년 6월 25일, 한국전쟁이 일어났습니다. 뉴질랜드 해군의 참전 소식을 듣고 나는 즉시 자원했습니다. 나는 피 제이 호어(P. J. Hoare) 해군 소령의 지휘 하에 있는 뉴질랜드 군함 투티라 호에 배속되었습니다.

"얘야, 몸조심해야 한다!"

"그럴게요. 염려 마세요."

나는 가족들과 헤어져 1950년 7월 3일 오클랜드를 출발했습니다. 내가 탄 투티라 호 외에 또 한 척의 프리깃함 푸카키 호도 함께 떠났습니다.

↓ 북한에서 행방불명된 밥 마르치오니(왼쪽 끝)

모스비와 홍콩을 경유하여 일본 사세보 항에 도착한 두 척의 군함은 영국 극동 함대 제3 프리깃 프로틸라 호에 소속되어, 사세보 항과 부산을 오가는 중요한 화물 호송 임무를 맡았습니다. 또 평안남도 진남포와 인천 사이의 바다를 정규적으로 순시하고 다른 배를 호위하는 임무도 수행했습니다.

몇 달 뒤 내 동생 밥도 자원 입대하여 비 이 터너(B. E. Turner) 소령이 지휘하는 뉴질랜드 함 로토이티 호에서 군 복무를 했습니다. 로토이티 호는 1950년 10월 7일 오클랜드를 출발하여 11월 3일 사세보 항에 도착했습니다. 영연방 및 연합국 소속 군함 로토이티 호는 순양함 한 척과 구축함 세 척, 그리고 두 척의 호위함으로 구성되어 있었습니다.

로토이티 호도 사세보 항과 진남포 항으로 접근하는 배들을 통제하고,

↓ 한국에 가기 직전의 밥 마르치오니(가운데)

한국 서해안에서 정규 순시를 했습니다. 내 동생 밥과 나는 일본 쿠레 항에서 잠시 만났습니다.

"형!"

"밥, 잘 있었어?"

우리는 반갑게 얼싸안았습니다.

"응, 나는 괜찮아. 형은?"

"나도 잘 지내고 있지."

우리는 안부를 주고받았고, 많은 이야기를 나눌 틈도 없이 다시 헤어져야 했습니다.

영원한 이별

1951년 6월, 내가 배속된 군함 투티라 호는 하웨아 호와 임무를 교대하게 되었습니다. 일본 쿠레 항을 떠난 26일 후인 6월 30일, 투티라 호는 뉴질랜드의 오클랜드에 도착했습니다. 일 년 전에 오클랜드를 떠난 이후 7,400킬로미터를 운행한 대장정이었습니다.

그런데 두 달 뒤인 8월 25일 저녁과 26일 아침, 뉴질랜드 해군 및 해병 특공대는 한국의 서쪽 해안에 있는 적군 부대에 기습 공격을 감행했습니다. 해군 순양함 실론 호의 해병 대원들과, 동생 밥이 타고 있던 로토이티 호의 해군들은 기관총과 수류탄을 들고 밤에 적의 기지로 돌진했습니다.

쾅! 콰쾅! 따다다다…….

적의 박격포가 일제히 불을 뿜었습니다.

"공격하라! 앞으로!"

연합군은 물러서지 않고 용맹히 돌격하여, 마침내 북한군의 수비를 무너뜨렸습니다. 그런데 전투 도중 내 동생 밥이 치명적인 부상을 입고 말았습니다. 밥의 부대는 바다에 대기하고 있는 작은 구명정에 타기 위해 70피트의 절벽 면을 타고 내려가서 철수해야만 했습니다. 결국 내 동생 밥의 시신은 홀로 그곳에 남겨져야 했습니다.

이 작전으로 밥의 가장 친한 친구이자 동료였던 놈 스콜스(Norm Scoles) 이등병은 공로 훈장을 받았고, 내 동생 밥은 나중에 수훈 보고서에 이름이 기록되었습니다.

동생이 타고 갔던 군함 로토이티 호는 임무를 마치고 1951년 11월 21일 오클랜드로 돌아왔습니다. 모든 게 그대로인 것 같은데, 밥만 돌아오지 않

↑ 아내와 함께한 존 마르치오니

아 가족들은 오래 슬퍼하고 마음 아파했습니다.

✈ 그리운 내 동생

나는 6월에 투티라 호를 타고 오클랜드에 도착한 뒤, 데번 포트 해군 기지에 배치되었습니다. 그리고 나중에 육상 기지의 영국 군함 이리랑기 와 이오우루 호의 해군 라디오 방송국에서 남은 기간을 복무했습니다.

3년간의 군 생활을 마친 뒤, 나는 민간인 신분으로 돌아가서 직업을 가지고 가정도 꾸리며 남들처럼 평범하게 살아왔습니다. 그러나 먼 타국의 전쟁터에서 잃은 동생을 잊은 적이 없었고, 해마다 한국전쟁 기념일과 밥의 기일이 돌아오면 북한 땅 어딘가에 잠들어 있을 밥을 그리워하며 사진을 오래오래 들여다보곤 합니다.

지금 나는 은퇴하여 아내와 손자들과 함께 뉴질랜드 크라이처치에서 살고 있습니다. 아픈 아내를 16년간 돌봐오고 있기 때문에 다양한 기관에서 활동하지는 못하지만, 한국전 참전 당시 투티라 호에서 동료들과 함께 복무했던 기억을 떠올리면 항상 자랑스러움과 깊은 정을 느낍니다. 또한 대한민국의 발전된 모습을 볼 때마다, 내 동생의 희생이 헛되지 않았음에 감사한 마음을 갖게 됩니다.

향수병에 걸리다

프랭크 콜 Frank Cole

1952년 8월 4일, 나는 뉴질랜드 해병으로서 한국전 참전을 위해 하웨아호를 타고 오클랜드를 떠났습니다. 우리는 잘 훈련 받은 젊은이들이었지만, 한국이라는 나라에 대해서는 거의 아는 게 없었습니다.

홍콩을 거쳐 북쪽으로 가는 도중에 대만 해협에서 태풍을 만났습니다. 거대한 바다와 울부짖는 바람 때문에 배는 닷새 동안 느린 항해를 할 수밖에 없었습니다. 드디어 일본 사세보 항에 도착해 잠시 머물면서 함대 사령부로부터 임무를 받았습니다.

"우리가 순시해야 할 지역은 38선으로부터 북한 서해안에 이르는 약 60마일 정도이다."

서해안에 있는 여러 섬을 보호하는 것도 우리 임무 중의 하나였는데, 섬들에는 많은 전쟁 피난민이 몰려 있었습니다.

나는 훈련 받은 레이더 운영 요원이었지만 하웨아 호에서의 직무는 항해사 보좌관이었습니다. 우리는 한국의 정보원으로부터 북한의 군사적 움직임에 대한 정보 보고서를 받아서, 해안선을 따라 적의 군사 목표를 자주 포격했습니다.

절벽 위에 적군의 76밀리 포가 보일 때는 연안 포격을 했습니다. 그들은 높이라는 이점을 가지고 있었기 때문에, 우리는 얼른 포격하고는 바로 방향을 돌려 먼바다로 빠져나오곤 했습니다. 그렇지 않으면 우리가 미처 발견하지 못했던 다른 대포가 합세해서 공격을 해 왔기 때문입니다.

한번은 군함 매우 가까이에서 적이 일제 포격을 가해 왔습니다.

"속도를 최대한 높여, 빨리!"

우리는 탈출을 위해 최선을 다했고, 쏟아지는 포탄을 피해 무사히 달아날 수 있었습니다. 적의 포격은 약 140발 정도였는데, 참전 이후 가장 긴장했던 사건이었습니다.

계속되는 순시 활동으로 쌓인 피로를 풀기 위해, 우리 함대는 가끔 백령도라는 섬에 닻을 내렸습니다. 일부 대원들은 스포츠 경기를 하기 위해 그 섬에 가기도 했습니다. 나는 섬에서 살아남기 위해 고군분투하는 가난한 농부들과 피난민들의 처지가 볼 때마다 매우 슬펐습니다. 그들은 겸손하고

내가 만난 백령도 주민들

온순하며 정중한 사람들이었습니다.

    1952년 한국의 추운 겨울을 나는 아직도 생생히 기억합니다. 따뜻한 뉴질랜드에서만 살아온 우리에게, 한국의 겨울은 정말 혹독했습니다. 바다의 결빙과 눈보라도 두려웠지만, 황해에서 불어오는 얼어붙은 남서풍은 특히 끔찍했습니다. 우리의 작은 군함은 이러한 상황에 대처하기에는 설비가 형편없었으며 따뜻한 옷도 부족했습니다.

    게다가 나는 때때로 밀려오는 향수병에 시달렸습니다. 아내가 보고 싶었고, 내가 지구 반대편에 있을 때 태어난 첫 아기도 보고 싶었습니다. 마음만은 하루에도 몇 번씩 고향으로 달려갔습니다.

    전쟁의 마지막 달에 우리 함대는 순시를 계속하면서, 연근해 섬에서 밀려드는 피난민의 철수를 감독하는 일도 했습니다. 우리는 휴전 협정이 조인된 후 얼마 안 되서 한국을 떠나, 1953년 8월 말 드디어 그리운 집에 도착했습니다. 몸은 지치고 피곤했지만 우리는 자신의 노력에 만족했습니다.

    최근 몇 년 동안 한국전 참전 용사들은 뉴질랜드에 살고 있는 한국 교포들로부터 큰 친절과 존경을 받았습니다. 우리의 노력에 대한 그들의 감사 덕분에 우리는 참전을 더 자랑스럽게 여기고 있습니다.

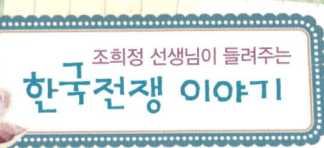

조희정 선생님이 들려주는
한국전쟁 이야기

한국전쟁에 어떤 나라들이 참전했고, 어떤 의미를 가질까요?

　북한의 갑작스런 침략에 미처 준비가 되어 있지 않았던 국군은 공격을 받은 지 불과 3일 만에 낙동강까지 밀리게 되었어요. 학생들까지 군인으로 동원되어 필사적으로 싸웠지만 역부족이었지요. 다급해진 대한민국 정부는 미국에 도움을 요청했어요. 미국은 곧 유엔 안전보장이사회를 소집하여 북한의 침략에 대해 의논했어요.

　북한의 불법적 침략 소식을 듣게 된 유엔은 수많은 민간인들이 목숨을 잃는 것을 두고 볼 수 없어 유엔군을 조직하여 파견하기로 결정을 내렸어요. 그 결과 미국, 영국, 캐나다, 호주, 뉴질랜드, 터키, 네덜란드, 룩셈부르크, 콜롬비아, 벨기에, 에티오피아, 프랑스, 그리스, 필리핀, 남아프리카 연방, 타이 이렇게 16개국이 군대를 한반도에 파병해 전투에 참여하였어요.

　그리고 인도, 이탈리아, 덴마크, 스웨덴, 노르웨이 5개국은 부상자를 치료하기 위한 의료 지원을 하였지요. 그 밖에도 20개국이 물자를 보내 한국을 지원했어요.

여러 나라의 군인들로 구성된 유엔군은 자신들의 나라가 아닌데도 한반도의 평화를 유지하기 위해 용감히 싸웠어요. 미국의 월튼 워커 사령관은 부하들에게 죽는 한이 있어도 절대 물러서지 말라는 명령을 내리며 용감히 싸워 낙동강 방어선을 끝내 지켜냈습니다. 또 프랑스의 명장 몽클라르 장군은 한국전쟁에 참여하기 위해 자신의 계급까지 낮추고 미군 연대장의 지휘 아래 프랑스 군을 이끌어 큰 승리를 거두었어요.

하지만 이러한 유엔군의 활약 뒤에는 많은 희생이 따랐습니다. 한국전쟁에 참전한 유엔군 가운데 약 15만 명의 병사가 낯선 우리 땅에서 죽거나 다치거나 행방불명이 되었어요. 특히 유엔군 중 가장 많은 군대를 파병한 미국은 3만 6,940명이 전사하고 3,737명이 실종됐으며 4,439명이 포로가 되는 등 엄청난 인명 피해를 입었습니다.

전쟁을 겪지 않은 세대들이 늘어나면서 한국전쟁에서의 유엔군은 점점 잊혀 가고 있어요. 하지만 현재 우리가 누리고 있는 자유와 평화가 어떻게 지켜졌는지를 돌아보고, 치열한 전쟁터에서 오로지 자유와 평화를 지켜내기 위해 기꺼이 젊은 목숨을 바친 유엔군 전사들의 고귀한 희생을 영원히 기억해야 할 것입니다.

# 뉴질랜드 참전 용사들이 전해 준 노래

비바람이 치던 바다 잔잔해져 오면
오늘 그대 오시려나 저 바다 건너서……

　뉴질랜드 참전 용사들은 우리나라에 〈연가〉라는 노래를 전해 주기도 하였습니다. 〈연가〉는 뉴질랜드 원주민인 마오리 족의 민요 〈포카레카레아나(Pokarekare Ana)〉의 번안곡입니다. 한국전쟁 때 참전한 뉴질랜드 마오리 족 병사가 고향이 그리울 때면 이 노래를 불러서 한국에 알려지게 되었고, 1969년 혼성 듀오 '버블껌'이 번안곡 〈연가〉를 발표하면서 전국적으로 널리 불리게 된 것이지요.

　이 노래에는 전해져 오는 전설이 있습니다.

　수려한 경관을 자랑하는 뉴질랜드 북섬에 있는 로토루아는 '두 번째 호수'라는 뜻을 가지고 있습니다. 호수 주변에 사는 마오리 족은 여러 부족으로 나뉘어 오랫동안 치열한 전쟁을 하였습니다. 특히 천연의 요새인 모코이아 섬을 차지하고 있는 아리와 부족과, 호숫가에 살던 훠스터 부족은 틈만 나면 전쟁을 하는 앙숙이었습니다.

　그런데 어느 날, 아리와 부족 추장의 딸인 히네모아와 훠스터 부족의 젊은이 투타네카이가 서로를 보게 되었습니다. 첫눈에 사랑에 빠진 두 사람

→ 뉴질랜드 북섬의
아름다운 로토루아 호수

은, 부족의 눈을 피해 남몰래 만나기 시작했습니다.

밤중에 투타네카이가 호숫가에 나와 피리를 불면, 추장의 딸 히네모아는 카누를 저어 호수를 건넜습니다. 그러고는 투타네카이와 호숫가를 거닐다가 동이 트기 전에 남몰래 섬으로 되돌아오곤 했습니다.

그 사실을 알게 된 추장은 불같이 화를 내며 섬에 있는 카누를 모두 태워 버렸습니다. 그런데 밤이 되어 투타네카이의 피리 소리가 다시 들리자, 히네모아는 표주박 수십 개를 허리에 동여맨 채 호수를 헤엄쳐 건너가 연인을 만났습니다.

결국 목숨을 건 딸의 사랑은 아버지의 마음을 움직였고, 두 사람의 결혼과 함께 양쪽 부족도 화해하게 되어 더 이상 전쟁을 하지 않게 되었습니다.

" 그는 잡초가 수북한 버려진 초가집 사이로 사라졌습니다. 조금 뒤 나무가 삐걱거리며 쪼개지는 소리와 함께 '철퍼덕' 소리가 크게 들렸습니다. "아이쿠 냄새!" 똥통에 빠진 퍼거슨을 발견한 우리는 배를 잡고 웃었습니다. "

4

병사 이야기

C부대 통신병 이야기

윌리엄 쿠크 William Cooke

1952년에 나는 케이포스에 입대했습니다. 나는 부대원들과 함께 와이오우로 전송되어 기초 훈련을 받았고, 그다음 추가 훈련을 받기 위해 통신 부대로 배치되었습니다.

"자네들은 제1 영연방 사단 통신 부대 소속이네."

한국에 도착하자 뉴질랜드 레이(Wray) 대령이 우리를 맞아 주었습니다. 대령은 C부대를 맡아, 깔려 있는 통신선로를 개발하고 유지 보수하는 일을 책임지고 있었습니다. 전쟁 상황에서 무선망이 과연 온전할지 아무것도 믿을 수 없었고, 유선 통신은 고장이 자주 나서 고치고 보완하는 것이 필수였습니다.

"새로운 통신선을 배열하는 것이 첫 번째 임무다."

새 통신선은 다섯 쌍의 케이블로 구성되어 있었습니다. 날씨 때문에 통신선들은 전선 기둥에 달려 있어야 했습니다.

이 작업을 위해 강철 말뚝을 큰 망치로 땅에 박았습니다. 통신선을 느슨하게 했다가 다시 팽팽하게 당기고, 막대를 구멍에 투입하는 식으로 작업을 했습니다. 끝이 뾰족한 강철 말뚝들은 구멍의 옆쪽에 꽂아 통신선이 꾸준히 유지될 수 있게 했습니다. 말뚝은 22보 거리로 가설되었습니다.

"이런 곳은 어떻게 합니까?"

군수 도로나 탱크 교차로 따위가 지나는 지점에는 말뚝을 박을 수가 없었습니다.

"전신주를 도로 양쪽에 묻고 케이블을 고정한다."

기둥 위로 올라가서 케이블을 고정할 때는 바닥이 뾰족한 등산용 아이젠을 덧신어야 했습니다. 지뢰 지대와 논은 피해 가야 했고, 몇 개의 마을마다 중간 기지인 서브스테이션을 구축했습니다. 1952년 한국에는 1,300킬로미터의 케이블이 깔렸고, 1953년에는 2,400킬로미터로 확장되었습니다.

"이런 작업은 뉴질랜드 병사들이 가장 잘한단 말이야."

책에 나오는 정통적인 방식대로 한 건 아니었으나, 응용은 항상 잘 통했습니다.

 기억에 남는 에피소드

우리는 이 일을 즐겼기에 캠프에 죽치고 있는 일은 거의 없었습니다.

"자, 출동하자고."

상사가 그날의 작업을 지시 받으면, 우리는 재빨리 케이블과 기둥, 그 밖의 필요한 것들을 차에 실었습니다. 그리고 밤늦게까지 캠프로 돌아오지 못할 것이기 때문에 영국군 식당에

가서 빵, 치즈, 쇠고기 등 야전 식품을 챙겼습니다.

언제나 그랬지만, 케이블을 깔 때 우리가 가장 걱정하는 것은 지뢰 지대였습니다. 하루는 호주 부대 근처에서 케이블을 깔고 있을 때 큰 통 하나가 경사를 타고 굴러가 논에 처박혔습니다. 파견대 중 한 명이 통을 회수하려고 내려갔는데, 잠시 후 요란한 폭발음이 들렸습니다.

"무슨 소리지?"

"대원이 지뢰를 밟은 것 같습니다."

우리는 놀라고 당황했습니다. 다행히 호주 의료진이 재빨리 달려와 응급 처치를 하여 목숨을 구할 수 있었습니다.

　나중에 다른 의미의 '사고'가 또 하나 있었습니다. 케이블을 깔러 나간 날, 같이 복무하던 퍼거슨이라는 친구가 화장실에 가게 되었습니다. 그는 잡초가 수북한 버려진 초가집 사이로 사라졌습니다. 조금 뒤 나무가 삐걱거리며 쪼개지는 소리와 함께 '철퍼덕' 소리가 크게 들렸습니다.

　"아이쿠 냄새!"

　똥통에 빠진 퍼거슨을 발견한 우리는 배를 잡고 웃었습니다. 조금 뒤 퍼거슨을 똥통에서 끌어내 근처 개울로 데려가 씻게 하였습니다. 냄새는 정말 지독했고 오래 사라지지 않았습니다.

나는 C부대에서 지프를 모는 업무에 배치되었습니다. 회의 장소 주변에 장교들을 태워다 주는 것은 꽤 괜찮았습니다. 그런데 차량 유지 보수 책임도 따랐기 때문에 한 달에 한 번 영국 작업장에 가서 정비공에게 점검을 받아야 했습니다.

안전성은 물론이고 차를 항상 안팎으로 깨끗하게 유지해야 했습니다. 그래서 가끔 개울로 차를 끌고 가서 모든 먼지를 말끔히 씻곤 했습니다.

↑ 깨끗해진 퍼거슨(왼쪽)과 나

"윌리엄, 오늘은 나도 같이 갈게."

하루는 동료가 차를 타고 싶어 하기에 옆자리에 태웠습니다. 그런데 개울 근처에 도착했을 때, 한 무리의 호주 병사들이 둑에 앉아 묘한 표정으로 우리를 바라보는 것이었습니다.

"왜 저렇게 쳐다보지?"

"그러게 말이야."

차가 천천히 개울로 진입하자, 얼마나 빨리 내려갈 수 있는지 보려는 듯 호주 병사들이 소리를 치며 부추겼습니다. 우리는 그 이유를 곧 알 수 있었습니다. 지프가 휘청거리며 그대로 물속으로 들어가 버렸기 때문입니다. 조금 뒤 물을 내뿜으며 올라오니, 호주 병사들이 배꼽을 잡고 웃는 소리가 요란했습니다.

우리는 물에 빠진 생쥐 꼴이 된 채 저만치 둥둥 떠가는 모자부터 주워야 했습니다. 알고 보니 미군들이 도로 포장을 하려고 굴착기를 가지고 와서 물속의 돌을 파냈던 것입니다. 다행히 가까이 있던 호주군의 트럭이 우리 차를 밖으로 꺼내 주었습니다. 덕분에 차량 검사에서 우리 차가 가장 깨끗한 지프로 일등이 된 것은 좋은 일이었지요.

한국군, 한국인, 한국

어느 날 12명의 한국군 보충병이 우리 부대로 왔습니다. 영연방 사단에 소속된 이들 KAT 통신병은 18세의 앳된 젊은이들이었습니다. 그들은 영국군의 푸른 베레모와 하복, 통신병 배지를 지급받았고 우리 캠프에 배속되었습니다.

종일 작업을 하고 늦게 부대로 돌아온 우리들을 처음 보고, 한국인 보충병들은 속으로 놀란 것 같았습니다. 여름을 맞아 우리는 모두 머리카락을 빡빡 민 상태였고, 어떤 녀석은 큼지막한 구레나룻을 기르고 있었습니다. 당연히 당시 한국인은 뉴질랜드라는 나라를 알지도 못하는 데다, 마오리 출신 병사는 난생 처음 봤을 터였습니다.

KAT 통신병은 각 파견대에 두 명씩 배치되었는데, 우리 팀으로 온 두 명은 빼빼 마른 체격이었습니다.

"영어는 할 수 있나?"

"네. 제가 할 수 있습니다."

안경을 쓴 친구가 놀랍게도 영어를 아주 잘했습니다. 다른 한 명은 '리'라고 불렀습니다.

"케이블을 부설하는 새 기법을 가르쳐 준다고 들었습니다."

보충병들은 금방 우리 팀의 일원이 되었습니다. 그들은 열심이었으며 빨리 배웠습니다. 케이블을 조립하고 서브스테이션의 통신 단자에 케이블을 부착하는 일을 능숙히 해냈습니다.

3개월 후 그들은 몰라보게 달라졌습니다. 몸은 통통해졌고, 우리 뉴질랜드식 유머를 모국어처럼 구사할 정도로 익숙해졌습니다. 가파른 언덕에 케이블을 깔 때면 고양이 손이라도 빌리고 싶을 지경인데, 충원된 두 사람의 활약은 정말 환영하지 않을 수 없었습니다. 나는 지금도 두 병사가 케이블을 언덕 위로 끌어올리며 케이블을 연결할 차례를 기다리던 모습을 기억합

니다.

"우리도 당신들과 같은 1등 키위예요."

이렇게 말하며 활짝 웃던 그들을 향해, 우리는 엄지손가락을 번쩍 치켜들어 보였습니다. 더 이상 무엇을 바랄 수 있었을까요!

복무가 끝나고 뉴질랜드로 돌아갈 즈음, 우리는 한국 국민들의 처지와 끔찍하게 파괴된 땅에 대해 정말 미안한 마음을 가졌습니다. 만신창이가 된 도시의 폐허에 한국인들을 남겨 두고 우리는 떠나왔습니다. 처참한 전쟁으로 황폐해진 시골과 수많은 피난민들을 위해 부산항 주변 언덕에 빼곡히 만들어진 임시변통의 천막과 판잣집들!

일본 쿠레로 가는 배를 타고 부산항을 떠날 때, 우리는 한 무리의 호주

병사들과 한국의 마지막 모습을 지켜보고 있었습니다. 아직 한국에 남아 있는 동료들과, 안타까운 처지의 한국에 대해 생각하며 물끄러미 부산항을 바라보는 내 등을 툭 치면서 호주 친구가 농담을 했습니다.

"이봐, 키위 친구. 너무 섭섭해하지 마. 언젠가 휴가 여행을 여기로 올지도 모르잖아."

군인들은 모두 박장대소했습니다. 산산이 부서지고 파괴된 가난한 나라였기에 휴양지와는 거리가 멀어도 너무 멀게 느껴졌기 때문이지요.

그런데 그로부터 50년이 지난 2002년 나는 한국을 다시 찾았습니다. 인천에 도착하여 버스를 타고 서울로 갔습니다. 크고 당당한 빌딩, 가로수가 줄지어 서 있는 말끔한 거리, 한강을 가로지르는 많은 다리들에 정말 놀랐습니다.

"여기가 정말 한국이란 말인가?"

참전 용사를 위해 한국에서 마련한 각종 의식과, 한국민들이 표시하는 감사의 마음에 나는 큰 감동을 받았습니다.

"……당신들을 영원히 잊지 않겠습니다."

가평 시장의 연설은 우리가 케이포스 멤버였던 것을 자랑스럽게 했습니다. 또한 가평북중학교 학생들에게 우리 뉴질랜드 참전 용사들이 장학금을 수여한 의식은 항상 소중히 간직할 것입니다.

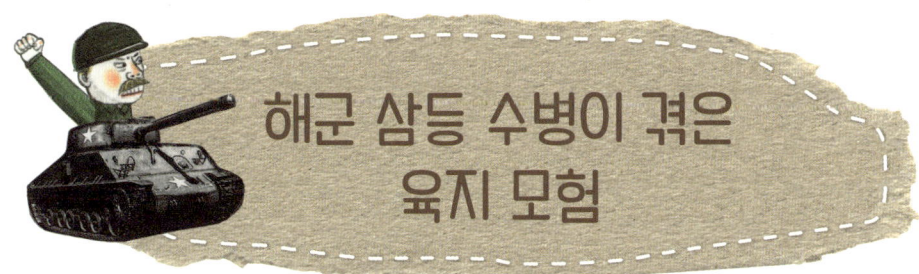

해군 삼등 수병이 겪은 육지 모험

제임스 A 뉴먼 James A Newman

1952년 1월 중순, 뉴질랜드 군함 하웨아 호는 한강에서 작전을 수행하고 있었습니다. 배는 교동도라는 섬의 동쪽 해안 가까이 닻을 내리고 있었고, 우리의 임무는 한강 북쪽 기슭에서 북한군에 산발적인 포격을 가하는 것이었습니다.

"뉴질랜드 해군 병사 몇 명을 365고지 옆 육군 진지로 인솔하도록 허가해 주십시오."

군대 내의 성직자인 헨리 테일러 신부가 하웨아 호 함장인 존슨 중위에게 요청했습니다. 뉴질랜드 해군이 군함을 벗어나 한국 국토를 가로질러 육군 단위 부대와 결합하는 최초의 사건이었습니다. 함장은 뉴질랜드 시드

↑ 한국전쟁 당시의 제임스 A 뉴먼

니 홀랜드 수상의 허가를 받았습니다.

"허락이 떨어졌으니 출발하시오."

이등 수병 지 디 보이드, 삼등 수병 배리 테일러, 그리고 나 삼등 수병 제임스 A 뉴먼이 한 편의 서사시 같은 여정에 참가하게 되었습니다. 우리는 하웨아 함을 떠나 한국군 수병이 모는 배를 타고, 한강 남동쪽 해안에 도착했습니다.

몇 명의 미국 관측 부대원을 따라, 해질 무렵 우리는 강화곶 근처의 작은 마을로 갔습니다. 한겨울이라 날씨는 매우 추웠지만, 미군 관측소로 쓰는 한국 주택은 아늑하고 편안했습니다. 다음 날 새벽, 숙소에 탱크가 도착했습니다.

"남쪽 길은 북한군이 장악했기 때문에, 탱크를 타야만 갈 수 있습니다."

앨리게이터 탱크(악어처럼 생긴 탱크)는 우리를 태우고 지지직 소리를 내며 얼음을 가로질렀습니다. 얼음이 탱크의 무게를 충분히 감당할 수 있을지 걱정스러웠지만, 다행히 그리 오래 걸리지 않아 건너편 미군의 곡사포 탱크 부대에 도착했습니다.

아침이 조금 지났을 때 우리는 끔찍한 소식을 들었습니다.

"우리가 간밤에 묵었던 미군 관측소가 북한군의 공격을 받았다네."

함께 지냈던 미군들은 미처 빠져나오지 못했다는 소식에 우리는 침울해졌습니다.

위험한 여정

늦은 아침 우리 일행은, 군수품을 인수하려고 서울로 떠나는 곡사포 부대의 트럭에 올라탔습니다. 두 사람만 트럭의 캡(운전석과 조수석)에 탈 수 있었기 때문에, 18살짜리 삼등 수병 배리 테일러와 나는 이동하는 내내 추위에 떨 수밖에 없었습니다.

부대 캠프로부터 몇 킬로미터는 논을 가로질러 나 있는 길을 통과해야 했습니다. 그런데 반이나 갔을까, 몇 백미터 떨어진 언덕에서 적들이 자동소총으로 일제 사격을 했습니다.

"엎드려!"

테일러와 나는 트럭 바닥에 납작 달라붙었습니다. 탄환 몇 발이 트럭을 맞히는 바람에 간이 콩알만 해졌습니다. 운전병은 논 반대쪽으로 무섭게 질주했습니다. 트럭 뒤편에 노출되어 있는 우리 입장에서는 죽느냐 사느냐

하는 위기의 순산이었습니다.

언덕 뒤편의 안전한 곳에 이르러서야 비로소 차량을 세우고 점검을 했습니다. 별다른 이상이 없음을 확인하고 트럭은 다시 출발했습니다.

한참 뒤 우리는 많은 미공군 비행기가 뜨고 내리는 김포 비행장을 지났습니다. 그리고 서울에 도착할 때까지 수많은 피난민을 보았습니다. 정말 비참하고 안타까운 모습들이었습니다.

한강을 가로질러 서울로 갈 수 있는 다리는 전쟁 직후에 폭파되었지만, 임시로 수리된 다리가 있어서 통행이 다시 가능했습니다. 그곳에서도 한강을 건너려고 애쓰는 수많은 피난민들이 가장 눈에 들어왔습니다.

우리는 영연방 사령부로 갔고, 서울에 있을 동안 일종의 군 휴양소인 '서전트 메스'에서 지내게 되었습니다.

"지프를 한 대 구했네."

해리 테일러 신부는 뉴질랜드 사령부의 장교용 지프를 구해 왔습니다. 우리는 운전병이 시동을 걸기 무섭게 지프에 뛰어올랐고, 수도 서울에 남겨진 것들을 보았습니다. 어디를 가나 거의 황폐했고 멀쩡한 곳이 거의 없었으나, 그래도 도로가 정리되어 있어서 자유롭게 다닐 수 있었습니다.

"내일 일찍 16야전 연대에 합류해야 하니 만반의 준비를 하도록!"

해리 테일러 신부는 우리를 최전방으로 보낼 준비를 하느라 바빴습니다. 다음 날 아침 우리는 소형 트럭 뒤편에 구겨지듯 탄 채 북쪽으로 떠났습니다. 트럭에는 최악의 추위를 가려 주는 차양막이 있었으나, 날씨가 너무 추웠기 때문에 겨우 한 시간 정도밖에 효과가 없었습니다.

"아유 추워. 얼어 죽을 것 같아."

"이쪽으로 바짝 붙어."

한국의 겨울 추위는 혹독했고, 도로 사정은 정말 나빴습니다.

전투 지역 가까이에 가서 우리가 최초로 만난 것은 대형 트럭이 센추리온 탱크를 진흙탕에서 끌어올리기 시작하는 장면이었습니다. 나는 당김용 철선을 탱크 전체에 감기 위해 진흙탕 속으로 내려간 병사가 안쓰러웠습니다.

우리는 수많은 움푹 팬 구덩이와 거친 도로를 지나 마침내 16야전 연대의 161포병 부대에 도착했습니다. 그곳에서 솔로몬 소령을 만났고, 뉴질랜드 병사들이 가득한 막사에 숙소를 배정받았습니다.

해질 무렵, 숙소에 있던 병사 중 한 명이 365고지 꼭대기에 있는 관측소 근처의 최전방에 올라갈 예정이라고 했습니다.

"캠프 주변에 머물러 있어야 해."

해리 테일러 신부가 충고를 했지만, 해군인 나에게는 다시는 경험할 수 없을 기회라는 생각이 들었습니다. 그래서 해군 동료들 몰래 육군을 따라 차를 타고 고지로 올라갔습니다.

가는 도중에 약 800~900미터 정도 떨어진 지점에서 경계를 서고 있는 북한군들을 볼 수 있었습니다. 그들도 아마 차를 타고 가는 우리들을 또렷이 볼 수 있었을 것입니다. 나는 저지(메리야스 직물로 만든 윗도리)와 스카프로 해군 복장을 감추고 있었고, 머리에는 모직 모자를 쓰고 있었습니다. 그러나 지프 뒷좌석에 있는 내가 일반 여행자가 아니라는 것쯤은 금방 알 수 있었을 것입니다.

드디어 365고지에 있는 관측소에 도착했습니다. 차에서 내려 잠시 주위를 둘러보는데, 갑자기 박격포가 엄청난 소리를 내며 근처에 떨어졌습니다.

'참호, 참호가 어딨지?'

나는 가까운 은폐물 밑에 숨을 생각을 못하고, 참호만 정신없이 찾았습니다. 머지않은 곳에 움푹 팬 참호가 보이기에 그쪽으로 달려갔더니, 어린 한국 소년이 벌써 숨어 있었습니다. 박격포가 계속 공격을 해 왔기 때문에, 나는 선택의 여지없이 그속으로 뛰어 들어갔습니다.

쾅! 콰쾅!

박격포탄은 참호에서 멀지 않은 곳에 마구 떨어졌고, 파편이 윙윙 소리를 내며 머리 위와 귓가를 스쳐 갔습니다.

'하느님, 제발 포탄에 맞지 않게 해 주세요.'

나는 귀를 막고 웅크린 채 어서 여기를 벗어날 수 있기만 기도했습니다. 군함이 훨씬 안전하고 훨씬 따뜻하다는 당연한 생각이 새삼 들었습니다.

예닐곱 차례의 폭격이 지나고 조용해졌을 때, 우리는 지프를 타고 고지를 벗어날 수 있었습니다.

✈ 짧은 여행 긴 여운

서울로 되돌아가 군 휴양소에서 하루를 보낸 뒤, 해리 테일러 신부는 다시 우리를 부산의 k9 공군 기지로 보내기 위해 분주히 움직였습니다. 거기서 우리는 일본으로 돌아가는 비행기를 얻어 타고, 당시 일본의 쿠레에 있던 군함으로 복귀할 예정이었습니다.

우리는 서울에서 부산까지 가는 기차를 탔는데, 기차 안은 전 세계에서 참전한 군인들로 가득했습니다.

"자, 좀 지나갑시다."

"옆으로 비켜요, 비켜."

우리는 한바탕 소란을 피운 후에 인산인해의 기차 안에서 겨우 자리에

앉았습니다. 기차 구석구석, 바닥은 물론이고 좌석 위의 짐 선반에까지 병사들이 넘쳤습니다.

나는 해리 테일러 신부의 짐을 내려주다가, 지나가는 사람에 부딪혀 가방을 떨어뜨리고 말았습니다. 그런데 그 속에 들어 있던 스카치 병이 깨져, 열차 바닥으로 다 쏟아지고 말았습니다.

"미안합니다. 정말 미안해요."

나는 몇 번이나 사과했고, 해리는 고맙게도 싫은 표정을 짓거나 나무라는 말을 한 마디도 하지 않았습니다.

그 열차는 전에 북한군의 공격을 받은 적이 있다고 했습니다. 그래서 다시 습격을 받으면 대응할 수 있도록 모든 병사들은 무기와 탄약을 소지한 채 기차를 탔습니다. 다행히 적의 공격은 없었지만, 혹시 어떤 정신 나간 육군 요원이 술을 마시고 고주망태가 되는 일은 없었으면 하는 마음이 저절로 들었습니다.

우리는 마침내 부산에 도착했고, 해리 테일러 신부는 다시 여기저기 알아보고 호주행 화물기를 주선했습니다. 오래된 기종의 구식 DC3기는 완벽과는 거리가 멀어 보였습니다.

"비행기가 너무 낡았는데요. 괜찮을까요?"

"어쩌겠나. 얻어 탈 수 있는 것만 해도 다행인데."

그 비행기에는 이렇다 할 좌석이 없었지만, 비행기 옆쪽으로 가죽 띠가 있어서 불편한 대로 자리로 쓸 수 있었습니다. 비행기 안에는 단 하나의 낙하산과, 그것을 자기가 사용하려고 꽉 움켜 쥔 또 한 명의 승객 미공군 장교도 있었습니다. 그때 나는 그 미군 장교보다 민간인이었던 호주 사람들에게 더 큰 신뢰감을 느꼈습니다.

비행기는 구멍이 여기저기 뚫려 있었고 믿을 수 없을 만큼 추웠습니다. 설상가상으로 일본 알프스(일본 중부 지방의 산맥)가 구름에 덮여 있었습니다. 그 산맥들에 부딪히지 않기 위해 아주 높이 비행할 수밖에 없었기에 더 춥고 무서웠습니다.

그래도 비행기는 무사히 이와쿠니에 착륙했고, 우리는 배를 타고 쿠레에 가서 마침내 하웨아 함에 승선할 수 있었습니다.

짧고도 아슬아슬했던 육지 모험은 끝났지만, 오고 가며 만났던 비참한 피난민들과 불쌍한 고아들의 모습은 오래 잊을 수 없었습니다. 참혹하게 파괴된 국토와 여기저기 질척거리던 진흙탕도……. 그 무엇도 좋은 것은 아니었지만, 그게 바로 전쟁이었습니다. 잊고 싶다고 잊을 수 있는 일은 아니었습니다.

하웨아 전함은 우리가 승선한 직후 출발했고, 우리는 홍콩을 거쳐 고향 뉴질랜드로 무사히 돌아갔습니다.

전쟁 중에 만난 작은 순간들

머레이 맥티어 Murray Mactier

 ## 들판에서 뱀을 만나다

우리 부대는 임진강 남쪽 둑에 자리 잡고 있었습니다. 강이 깊었고 한강 하구로 유입되는 곳과 가까웠습니다.

"저쪽 강가에서 사격 훈련과 수류탄 투척 훈련을 하려고 합니다."

나와 두 포병 대원의 요청에, 당직 사관은 그렇게 하라고 허락을 하였습니다. 근처에는 적군 부대가 없었고, 거리가 꽤 있는 강 건너편에 있어서 주위에 위험 요소가 적었기 때문입니다.

우리 부대의 대포는 강에서 300미터 정도 떨어져 있었습니다. 그런데 포좌에서 나와 50미터 정도 걸어갔을 때, 우리는 깜짝 놀라 멈춰 섰습니다.

"저게 뭐지?"

"뱀인가 봐요."

살아서 기어 다니는 뱀을 본 건 난생 처음이었습니다. 뉴질랜드에는 뱀이 살지 않거든요. 나는 놀라서 소총을 발사했고, 가지고 있던 총알 10발을 다 쏘아 버렸습니다.

그런데 한 발도 맞지 않았고, 뱀은 풀숲을 타고 태연하게 스르륵 사라졌습니다.

"너 미쳤어? 아무것도 없는데 총은 왜 쏘아 대는 거야?"

놀라서 달려 내려온 당직 사관이 다짜고짜 나를 때렸습니다. 독사에 물릴까 봐 그랬다는 나의 설명을 듣고, 당직 사관은 우리 일행이 강으로 계속 내려가도 좋다고 허락했습니다.

굉과 함께 사라진 음식

어느 날 우리 부대 병사 일곱 명과 운전병은 정찰을 나갔습니다.

"와, 포장길이다!"

아스팔트나 시멘트로 포장된 매끈한 도로는 물론 아니었지만, 자갈로 포장한 새 길로 올라서니 차 속도가 저절로 빨라졌습니다. 운전병이 브레이크를 밟고 기어를 낮추었지만, 여전히 엔진은 꽤 그르렁거렸습니다.

"야, 진정해. 너무 빠르잖아."

내가 말했지만, 운전병은 느긋하게 대꾸했습니다.

"두고 보자고."

작은 초소를 지나 조금 더 가니, 새 길은 구 도로를 벗어나 왼쪽으로 꺾여 있었습니다. 우리가 갈 길은 고사리 덤불처럼 보이는 곳에 숨겨져 있었습니다.

차는 좀 더 가다가 멈췄습니다. 그런데 차 오른쪽에 멋지게 생긴 통통한 새가 우리를 쳐다보며 고사리 덤불에 앉아 있는 게 아닙니까.

'솥단지에 넣고 푹 끓이면…….'

치킨 스프의 맛이 떠오르면서 입 안에 침이 고였습니다. 하지만 내가 가지고 있는 개인 무기 45 자동 소총으로는 새를 맞힐 수 없다는 걸 스스로 잘 알고 있었습니다. 뱀 소동 때의 경험으로 비추어 볼 때, 내 총으로는 고작해야 새의 주변이나 맞힐 것이었습니다.

"야, 네 총 좀 빌려 줘."

나는 38구경 9미리 총을 가진 운전병에게 말했습니다. 내키지 않는 표정으로 머뭇거리던 운전병은 마지못해 자기 총을 건네주었습니다.

나는 몰래 먹잇감 가까이에 접근했습니다. 약 6피트쯤 떨어졌을까? 운전

병이 이렇게 말했습니다.

"깨끗하게 돌려줘."

총 얘기를 하는 건지 새 얘기를 하는 건지, 아니면 둘 다를 말하는 건지 궁금해하며 뒤를 돌아보았습니다. 그 순간 꿩은 덤불 속으로 뛰어들어가 버렸고, 우리 부대원들이 맛볼 뻔했던 음식도 사라졌습니다.

 개와 지뢰밭

1952년 봄이었습니다. 군 당국은 우리 주변의 지대를 평평하게 만들기

위해 이렇게 말했습니다.

"이 지역에서 축구를 할 것이다."

우리는 관심을 가졌고, 곧 열정적으로 땅을 고르고 다지기 시작했습니다. 제도판(계획서)에는 훈련을 위한 장소로도 표시되어 있다는 것을 우리는 전혀 몰랐습니다.

그 땅은 전에 수수를 심었던 밭이었고, 아직도 감자를 심을 때와 비슷한 두럭이 있었습니다. 그래서 그냥 걷기도 어려웠습니다. 두럭은 올라서기에는 너무 좁았고 양발을 걸쳐 서기에는 두럭 간의 간격이 너무 멀었지요.

그러나 우리는 그 땅을 열심히 평평하게 만들었습니다. 두럭의 윗부분을 두드려 깨서 고랑으로 밀어 넣고 고르게 다졌습니다. 우리는 남은 기간 동안 줄곧 축구를 했고, 두 번의 특별 열병식도 치렀습니다.

어느 날 아침, 연대 본부에서 한 손님이 작은 폭스테리어 개를 데리고 우리를 방문했습니다. 개는 제 세상을 만난 듯 연병장 위를 뛰어다녔는데, 개들 특유의 땅 냄새 맡는 짓을 하다가 갑자기 증발해 버렸습니다.

"큰일 났다. 개가 지뢰를 밟았어!"

어느 부대원의 말에 우리는 깜짝 놀랐고 상부에서도 걱정을 했습니다. 얼마 되지 않아 한 무리의 기술자들이 지뢰 탐지기를 가지고 도착해서 그 지역을 쓸 듯이 훑었습니다. 그 뒤로 나는 축구를 할 때마다 혹시라도 지뢰를 터뜨리지 않도록 까치발을 딛곤 했습니다.

두 번 있었던 열병식 가운데 한 번은 더함 경보병대에 부속된 '웰링턴' '웨스트코스트' '타라나키' 연대를 위해 대신 한 것이고, 다른 한 번은 한국의 이승만 대통령이 표창을 수여하기 위해 도착했을 때 하였습니다.

주요 인사를 태운 헬리콥터는 빛의 속도로 들어왔다가 나가 버렸으며, 위험 지대에서는 일 초의 시간도 허비하지 않았답니다.

기러기 보호 작전

1952년 가을에서 초겨울을 향해 가는 무렵, 수천 마리의 캐나다기러기가 무리를 지어 이동하면서 초저녁 하늘을 가득 채웠습니다.

그런데 어느 날 밤, 사단의 모든 대포가 적을 향해 불을 뿜었습니다. 차가운 날씨에 묵직한 대포 소리는 플랫폼 가장자리 가까이에 서 있을 때 기차역을 지나가는 증기 기관차 소리처럼 크게 들렸습니다.

아마도 대포에서 발사된 몇 번의 포격은 틀림없이 머리 위를 날아가는 기러기 떼에 닿았을 것입니다. 유탄이 비처럼 쏟아져 내렸습니다. 벙커에서 들으니 '타닥타닥' 하는 소리가 들렸습니다. 우리는 밖으로 나가지 않았습니다.

"기러기 떼의 이동 중에는 시야에서 기러기 떼의 비행이 사라질 때까지 포격을 가급적 피하라."

다음 날, 위로부터 일상적인 지침이 내려왔습니다. 물론 맞는 말입니다. 하지만 칠흑 같은 밤중에 머리 위로 무엇이 지나가는지 도대체 어떻게 알 수 있을까요?

황소는 어디로 갔을까?

한국의 농촌 사람들은 다양한 동물을 키우지만, 특히 소를 자신의 가족처럼 대우합니다. 이 육중한 동물은 실제로 트랙터같이 나무 쟁기를 끌고 진흙투성이의 논을 갈았습니다.

어느 날, 황소가 어디론가 끌려가서 도살당했다는 말이 부대 사람들 사이에 떠돌았습니다. 헌병이 모든 대원들을 상대로 온갖 잡다한 질문을 해 댔지만 단서가 될 만한 답은 나오지 않았습니다.

그날 밤, 포병 부대로 돌아가기 전에 나는 육군 병참단 10중대에 들렀습니다. 거기서 너겟 클라크라는 녀석을 처음 만났는데, 공병 소대의 요리사인 그가 식사를 대접해 주었습니다. 계란과 감자칩을 곁들인 신선한 스테이크였습니다.

정말 맛있었습니다! 누가 황소를 그렇게 만들었는지, 나에게는 더 이상 알고 싶은 일이 아니었습니다.

육군 병참단 10중대는 유엔군 케이포스를 돕는 뉴질랜드 군의 일부였습니다. 너겟 클라크는 그 뒤로도 꽤 자주 보았는데, 내가 지나갈 때마다 그는 항상 좋은 음식을 공급해 주었습니다.

✈ 사슴의 발재간

1952년 겨울, 크리스마스가 지난 어느 날의 일입니다.

우리 포대 주위에는 남쪽과 후면의 동쪽에 지뢰밭이 있습니다. 그런데 사슴 한 마리가 지뢰를 덮고 있는 눈밭을 걸어와서, 짚더미와 눈 밖으로 삐

져나온 잔가지를 먹고 있었습니다. 사슴은 6개월 된 송아지 정도의 크기였고, 마치 산책이라도 하고 있는 듯했습니다. 지뢰밭을 다니는 데는 이골이 난 것 같았습니다.

"빨리 잡아!"

어느 대원의 외침 소리가 커다랗게 울려 퍼졌습니다. 여기저기 벙커에서 약 스무 명 가까운 대원이 기어 나와 총질을 해대기 시작했습니다.

"사격 중지!"

당직 사관 베른 듈리가 외친 다음에야 총소리가 그쳤습니다. 이 모든 소란 속에도 사슴은 아무 일도 없는 듯 유유자적 먹이를 뜯으며 돌아다녔습니다. 사격 솜씨가 나쁜 게 우리 포대에서 나뿐만은 아니었나 봅니다.

임시 샤워기

겨울의 끝을 향해갈 즈음, 한 캐나다 부대가 우리 근처에 임시 샤워기를 설치했습니다. 이 샤워기는 나무 손잡이로 앞뒤로 작동하는 디젤 펌프와, 큰 가스 용접기를 닮은 조리실용 버너, 그리고 세 구멍의 물뿌리개가 달린 샤워 꼭지로 구성되어 있었습니다.

펌프 핸들을 작동하도록 현지 한국인 한 명도 채용했습니다. 물은 얼음으로 덮인 개울 밑에서 고무 호스를 통해 뽑았습니다.

  엉성한 시설이었지만 병사들은 이 샤워기를 좋아했습니다. 자주 이 시설을 이용하고 싶어 했지요. 한번은 나와 다른 병사가 비누칠을 잔뜩 한 채 샤워 꼭지 밑에 있는데, 버너의 불이 갑자기 꺼져 버렸습니다.

"서두르셔야 해요!"

날씨가 추워서 물과 호스가 얼어 버릴 터라, 보조원은 계속 재촉을 했습니다. 그 한국인은 다시 급하게 펌프질을 시작했습니다. 그가 이렇게 빨리 펌프 핸들을 눌러 대는 것은 한 번도 본 적이 없었습니다.

그는 또 계곡에서 급수 호스를 당겨 왔습니다. 차가운 물이 우리를 때렸을 때, 마치 얼음으로 만든 바늘에 찔리는 기분이었습니다. 우리는 다행히 비눗물을 모두 씻을 수 있었고, 반 샤워 상태로 얼른 옷을 입고 돌아왔습니다.

스컹크 사냥 중에 생긴 일

어느 날 한 젊은 장교가 '스컹크 사냥'을 나갔습니다. 스컹크 사냥이란 민간인들을 모으기 위한, 그리고 가능하면 적의 침투 요원을 검거하기 위한 암호였습니다. 목표는 최전방 약 10마일 지역에서 민간인들을 철수시키는 것이었습니다.

장교와 그의 포병 부대원들이 돌아왔을 때, 나는 남녀노소가 뒤섞인 한 무리의 피난민들이 끌려온 것을 보고 놀랐습니다. 비참한 피난민들을 바라보는 것은 너무 가슴이 아팠습니다. 그래서 다음 날 '사냥'에 나갈 자원봉사자들을 모집했을 때 나는 앞줄에 섰습니다.

우리는 몇 마일 떨어진 새로운 지역으로 이동을 했습니다. 거의 1평방 마일 가까운 지역을 먼저 수색하도록 명령 받았습니다. 우리 트럭에는 여섯 명이 탔는데, 여섯 명씩 탄 트럭 네 대가 우리를 뒤따라왔습니다.

나는 지뢰밭 울타리를 따라 수색을 했고 다른 대원들은 내 왼쪽으로 떨어져서 25미터 정도 퍼져 수색을 했습니다. 지정된 지역 거의 끝까지 진행했을 무렵, 뒤에서 스코틀랜드 억양의 큰 목소리가 들려왔습니다.

"너희들은 지뢰선이 깔린 쪽에 있다!"

우리 장교는 깜짝 놀라 대원들에게 지시했습니다.

"후퇴하라!"

우리는 옆으로 명령을 전달한 뒤, 약 세 걸음 정도 아주 천천히 물러났습니다. 그때 갑자기 스코틀랜드 억양이 들렸던 방향에서 "쾅!" 하고 지뢰가 폭발하는 소리가 들렸습니다. 이어서 몇 개의 지뢰가 연달아 더 터졌습니다. 그제야 우리는 지뢰선이 깔린 쪽에 있었던 것은 스코틀랜드 부대원들이었다는 것을 깨달았습니다.

그들은 세 명이 사망하고 세 명이 부상당했습니다. 알고 보니 지점 참조 표시에서 오류가 있었던 것입니다. 출발점인 지뢰밭 울타리 오른쪽과 종착점이 뒤섞인 좌표가 전해져서 발생한 사고였습니다. 그날 우리는 어떤 민간인도 만날 수 없었습니다.

임진강에서의 지프 스케이팅

전에 뱀을 봤던 장소에서 며칠을 힘들게 보낸 후, 우리는 다른 임무를 진행하게 되었습니다. 동쪽으로 약간 이동해서, 임진강 위의 부교(배나 뗏목 따위를 잇대어 매고 그 위로 널빤지를 깔아 만든 다리)에서 아래쪽으로 내려가게 되었지요.

나는 이동하고 있는 우리 포병 부대의 장비 차량 위쪽으로 군용 가방 위에 누워 있었습니다. 내가 제일 좋아하는 위치였고, 더없이 평화롭고 안락했습니다.

그런데 다리 중간에 이르렀을 때 제트기 한 대가 쉭 소리를 내며 내려왔습니다. 내 위장은 갑자기 뒤틀렸고, 화장지 한 꾸러미가 필요한 느낌이었습니다. 하지만 그 비행기가 호주군의 미티어 제트기임을 알고 나자, 내 배는 다시 아무렇지도 않게 되었습니다.

1년 후쯤, 임진강 부교가 있던 곳 가까이에 높은 다리가 건설되었습니다. 우리는 그 근처에서, 새 영국제 차량을 시험 운행 하는 것을 보았습니다. 하나는 베드포드 15cwt 트럭이었고, 다른 하나는 일반 차량 비슷한 지프였습니다. 한 대의 '오스틴 챔프'와 두세 종류의 다른 차량들도 있었습니다.

군용 차량인 오스틴 챔프는 롤스로이스 엔진을 달았고, 스노클(잠수) 기능이 활성화되면 엔진이 완전히 밀폐되면서 물 밑으로도 운행이 가능했습니다. 그 차를 몰고 얼음이 두껍게 언 강으로 속도를 내며 달리다, 어느 한쪽으로 완전히 핸들을 틀어 팽이처럼 뱅글뱅글 도는 것은 스릴 만점이었습니다.

연방 포병 부대 사령관은 이 새로운 타입의 오스틴 챔프를 가지고 있었습니다. 사령관과 운전병은 이 '지프 스케이팅'에 참가했는데, 얇은 얼음판 한 부분에 멈추었을 때 차가 천천히 물속으로 가라앉아 버렸습니다. 잠수 기능이 꺼져 있었던 것이었지요. 그들은 구출되었지만, 지프 스케이팅은 그것으로 끝이었습니다.

따뜻했던 한국의 기와집

이 집들은 으리으리하지는 않지만 독창적으로 건축되었습니다. 바닥으로부터 약 2피트쯤 위에 마루가 있고, 점토판과 대나무를 쪼갠 강화재와 섞어 만든 흙벽돌로 벽을 쌓았습니다.

요리를 하는 곳이자 중앙 난방용인 부뚜막은 가옥의 다른 곳보다 좀 더 낮게 배치되었습니다. 숯, 동물의 마른 배설물, 나뭇가지와 짚 등을 연료로 삼아 불을 때는 방식이었습니다.

뉴질랜드 군인들은 빈 집에서 불을 땔 때 종종 집을 홀랑 태워 먹기도 했습니다. 비밀은 연통을 올바른 위치에 놓는 것이었습니다.

　불은 연통을 타고 마루 아래에서 굽은 에스(S)자를 그리며 타 들어가 연기가 서서히 굴뚝으로 빠져나가는 방식이었습니다. 아궁이와 부엌 천장은 그을음으로 온통 새까맸습니다.

　집 내부는 매우 따뜻하고 아늑했습니다. 그리고 염소, 닭, 소나 말 같은 농가의 동물들은 동절기에 집 내부에 있는 외양간에서 따뜻하게 키웠습니다.

　마을의 나머지 집들은 철기나 청동기 시대의 집처럼 보이는 둥근 지붕의 집이었습니다. 짚으로 이엉을 엮어 지붕을 덮고 있었는데, 짚더미는 따로 쌓아 두었다가 나중에 작두로 썰어 동물들에게 먹였습니다.

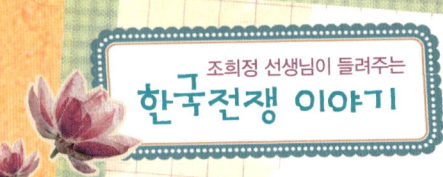

한국전쟁이 우리나라에 미친 영향은 무엇일까요?

　같은 동족끼리 서로를 해친 비극의 한국전쟁은 누구의 승리도 가져오지 못한 채 많은 상처들을 남겼어요.

　첫 번째는 극심한 인명 피해입니다. 자료마다 통계치가 달라 정확한 인명 피해 수를 알 수는 없지만, 대략 남북한을 합쳐 죽거나 다친 사람들의 수는 무려 520만 명에 달합니다. 더욱이 우리나라 역사상 어떤 전쟁보다도 민간인의 피해가 가장 컸기 때문에 더 참혹했다고 말할 수 있어요. 북한군이 점령했을 때는 국군을 도왔다는 이유로, 반대로 국군이 점령했을 때는 북한군을 도왔다는 이유로 죄 없는 민간인들이 무참히 학살되기도 했지요. 하루아침에 부모를 잃은 어린 아이들도 10만 명이나 되었어요. 국군의 피해도 커서 전쟁에 참여한 약 127만 명 가운데 64만 4,000여 명이 죽거나 다쳤습니다.

　두 번째는 재산 피해입니다. 한반도 전체를 통틀어 많은 건물과 시설들이 파괴되어 사회 경제 기반이 무너졌어요. 전쟁으로 집을 잃은 사람들의 수가 200만 명에 이르렀지요.

세 번째는 남북한 사이에 생긴 불신과 적대감입니다. 남한에서는 공산주의라면 치를 떨었고, 북한에서도 자본주의라면 무조건 거부하였어요. 서로를 향한 증오와 복수심은 군사력을 키우는 경쟁으로 이어졌지요. 그 결과, 남북한 모두 엄청난 돈이 무기 구입과 군대 유지 비용으로 들어가게 되었어요.

네 번째는 전쟁 이후 전혀 다른 길을 걷게 된 남북한의 단절입니다. 정치 이념에 따라 남북한의 경제 및 사회와 문화도 전혀 다른 모습으로 흘러가게 되었어요. 자립 경제를 주장했던 북한은 경제가 제대로 발전하지 못했고, 수출 주도형 경제를 선택한 남한은 북한의 풍부한 지하자원을 이용할 수 없었어요. 철저히 미국을 배척한 북한은 반미 사상을 교육하며 공산주의 국가인 소련과 중국과만 교류를 했어요. 남한도 자유와 경쟁을 바탕으로 철저히 반공산주의를 교육하며 북한을 적대시했지요.

남북이 단절된 채 서로 다른 모습으로 오늘날까지 흘러오면서 한국전쟁을 체험하지 않은 사람들의 수는 점점 많아지고 있어요. 반대로 세월이 흘러 고령으로 생을 마감하는 사람들이 늘어난 탓에 이산가족의 수는 점점 줄어들면서 통일에 대한 국민들의 관심과 열망도 점점 사라지고 있어요. 하지만 한반도를 갈라놓은 상처들을 감싸고 하나로 보듬기 위해 우리는 결코 한국전쟁을 잊지 말아야 할 것입니다.

한국전쟁과 참전 용사들

↳ 훈련 중인 뉴질랜드 참전군 (1953년)

38선 표지판 옆에서

참전 용사들의 점심시간 (1953년) ↙

탱크를 점검하는 병사들

가평 전투에서 중공군을 막아낸 뒤 기뻐하고 있는 부대원들(1951년)

유엔군이 배포한 '안전 보장 증명서'

군 차량에 올라타고 있는 영연방 소속 병력들

카메라 앞에 선 참전 용사(1951년)

강력한 화력을 보여 준 유엔군 소속 군함

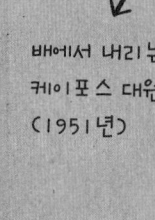

배에서 내리는 케이포스 대원들
(1951년)

비행기에 오르기 전의 케이포스 대원들
(뉴질랜드 오클랜드)

이제는 노병이 된 참전 용사들

세계 유일의 유엔 산하 기념 묘지인 유엔 기념 공원(대한민국 부산)

유엔군 참전 현황과 추모의 글

1950년 6월 25일에 일어난 한국전쟁은 한 지역에서 가장 많은 국가(25개국)가 참여한 국제 전쟁이었고, 제1차, 제2차 세계 대전에 이어 가장 큰 피해를 낸 전쟁이었어요. 당시 한반도 인구 3,000만 명의 절반이 넘는 1,800여만 명이 피해를 입은 이 전쟁에는 대한민국의 민주주의를 지키기 위해 미국, 영국 등 전투병 지원국 16개국과 인도를 포함한 5개의 의료 지원국 등 총21개의 유엔 연합국이 참여했지요.

이후 한국전쟁 참전을 기념하는 기념물이 뉴질랜드(5), 영국(9), 캐나다(19), 호주(4), 미국(139), 콜롬비아(3), 프랑스(7), 네덜란드(5), 벨기에(12), 룩셈부르크(2), 스웨덴(1), 덴마크(1), 이탈리아(1), 터키(2), 그리스(2), 에티오피아(1), 남아프리카공화국(4), 태국(2), 필리핀(4) 등 세계 19개국 230여 곳(괄호 안은 기념물의 수)에 건립되었어요. 비문에는 각 나라의 참전 용사들을 기리는 추모의 글이 새겨졌습니다.

지원구분	참전 국가	참전 현황		피해 현황					생존 추정 인원
		참전 인원	참전 규모	계	전사	부상	실종	포로	
전투지원(16)	미국	1,789,000	육·해·공군	137,250	36,940	92,134	3,737	4,439	448,912
	영국	56,000	육·해군	4,908	1,078	2,674	179	997	15,814
	캐나다	25,687	육·해·공군	1,557	312	1,212	1	32	7,521
	터키	14,936	육군	3,216	714	2,068	163	244	4,062
	호주	8,407	육·해·공군	1,584	339	1,216	3	26	2,319
	필리핀	7,420	육군	398	112	229	16	41	2,319
	태국	6,326	육·해·공군	1,273	129	1,139	5		1,773
	네덜란드	5,322	육·해군	768	120	645		3	1,489
	콜롬비아	5,100	육·해군	639	163	448		28	1,413
	그리스	4,992	육·해군	738	192	543		3	1,374
	뉴질랜드	3,794	육·해군	103	23	79	1		1,079
	에티오피아	3,518	육군	657	121	536			973
	벨기에	3,498	육군	440	99	336	4	1	973
	프랑스	3,421	육·해군	1,289	262	1,008	7	12	905
	남아공	826	공군	43	34			9	227
	룩셈부르크	83	육군	15	2	13			24
의료지원(5)	인도	627	야전병원						179
	노르웨이	623	이동외관병원	3	3				179
	덴마크	630	병원선						80
	스웨덴	160	적십자병원						50
	이탈리아	128	적십자병원						37
계 : 21개국		1,940,498		154,881	40,670	104,280	4,116	5,815	531,574

자료 출처 : 국방부

우리는
자신들이 알지도 못하는 나라,
만난 적도 없는 사람들을
지키려는 요청에 응한 우리의
아들과 딸을 기린다.
_미국 워싱턴D.C. 한국전 참전비

자유와 평화를 위해 싸운
타이의 국군 용사들!
여기 그들의 조국의 기지에
산화한 1,296명의 뜻을
길이 새긴다.
_태국 촌부리 한국전 참전비

한국전에 참전하고 전사한
모든 이를 추모하며…….
신은 그들 중 누구도
잊지 않는다.
_영국 콜체스터 한국전 참전비

우리에게 명예와
평화를 가져다 준 그들의
불멸의 죽음에 신의 영광이
깃들기를……!
_캐나다 퀘벡 한국전 참전비

이 기념탑은 한국전쟁에서 산화한
호주의 참전 군인들을 기리기 위한
것이다. 무덤조차 찾을 수 없는
그들은 유엔의 이상을 따라 타국의
젊은이들과 함께 목숨을 바쳐 싸웠다.
_호주 캔버라 국립 전쟁기념관
한국전 참전비

영원히 기억하라.
_뉴질랜드 오클랜드
한국전 참전비

자유 수호를 위해
한국전쟁에서 젊음을 바친
영웅적인 에티오피아 제국의
용사들에게 바친다.
_에티오피아 아디스아바바
한국전 참전비

전쟁을 위해 희생한
남아프리카 공화국
참전용사들의 불멸의
영광을 위하여…….
_남아프리카공화국 케이프타운
한국전 참전비

신성한 인류애를
실현하기 위해 한국전에
참전한 터키의 영웅적인
군인들을 기리며…….
_터키 이스켄데룬 한국전 참전비

유엔군 일원으로
한국전쟁에 참전한
프랑스 대대 전투원들에게
바친다.
_프랑스 파리 개선문 광장
한국전 참전비

자유로운 세상을 위해
한국에서 쓰러진 벨기에 인을
추모하며…….
_벨기에 월루웨 생피에르
한국전 참전비

글쓴이 그린이 소개

글 선안나

경남 울산시 울주군에서 태어나고 자랐습니다. 1990년 새벗문학상, 동아일보 신춘문예에 당선되어 동화를 쓰기 시작해 동화책 〈떡갈나무 목욕탕〉, 〈삼거리 점방〉 등을 펴냈고 그림책 〈온앙이〉, 〈너 나 우리〉 등에 글을 썼습니다. 평론집으로는 〈천의 얼굴을 가진 아동 문학〉, 〈아동 문학과 반공 이데올로기〉가 있으며, 단국대 초빙교수 및 성신여대 겸임교수를 역임했습니다. 〈잠들지 못하는 뼈〉를 시작으로, 현대사를 어린이·청소년 문학으로 풀어내는 데 힘을 쏟고 있습니다.

그림 조현숙

대학에서 서양화를 전공하였고, 아이들의 순수한 동심이 좋아서 즐거운 마음을 담아 어린이책에 그림을 그리고 있습니다. 그린 책으로는 〈좁쌀 영감 오병수〉, 〈양말을 꿀꺽 삼켜 버린 수학〉, 〈그림자 친구〉, 〈회사 괴물〉, 〈아빠의 일기장〉 등이 있습니다.

'조희정 선생님이 들려주는 한국전쟁 이야기' 조희정

춘천교대를 졸업하고 현재 용인 신일초등학교에서 근무하고 있습니다. 어린이를 위한 역사 교육에 관심이 많아 초등역사교사모임에 참여해 글을 썼습니다. 쓴 책으로 〈한국사 이야기 1, 2, 3〉, 〈초등학교 선생님이 함께 모여 쓴 세계사 이야기 1, 2〉 등이 있습니다.